HaffmansTaschenBuch 10

ECKHARD HENSCHEID

Standardsituationen

Fußball-Dramen

*Mit einigen Beiträgen von
F. W. Bernstein*

HAFFMANS VERLAG

Erstausgabe

Veröffentlicht als
HaffmansTaschenBuch 10, Frühjahr 1988
Konzeption und Gestaltung von
Urs Jakob
Umschlagzeichnungen von
Achim Greser

Alle Rechte vorbehalten
Alle Aufführungs- und Senderechte beim Autor
Alle Buch- und Abdrucksrechte beim Haffmans Verlag
Copyright © 1988 by
Haffmans Verlag AG Zürich
Satz: Allprint AG, Zürich
Herstellung: Ebner Ulm
ISBN 3 251 01010 7

1 2 3 4 5 6 - 93 92 91 90 89 88

»Verantwortung habe ich im Leben nie gescheut, auch deshalb fange ich selbstbewußt und optimistisch bei der Eintracht an. Natürlich habe ich drei Monate nicht gespielt, das ist eine lange Zeit. Ich konzentriere mich jetzt ganz allein auf die Eintracht. Persönliche Dinge, wie den Umzug mit meiner Familie, werde ich erst in der Winterpause regeln.

Wenn Sie mich gerade vor meinem ersten Spiel für die Eintracht gegen Schalke und Toni Schumacher fragen, so muß ich klar sagen, daß ich persönlich nie etwas gegen den Toni hatte. Die Reibungspunkte, die es in Mexico gab, hatten allein etwas mit der Rangfolge bei den Torhütern zu tun. Ich war zu diesem Zeitpunkt der Meinung, der bessere Mann zu sein, das habe ich gesagt. Deshalb ist das Spiel gegen Schalke für mich aus diesem Gesichtspunkt ein ganz normales Spiel. Gerade der Toni und ich haben viele positive wie negative Dinge mitgemacht, sind von der Einstellung her ähnliche Typen, also müßten wir uns eigentlich vertragen.«

Torwart Ulrich Stein am 7.11.87 anläßlich seines Debuts im Tor von Eintracht Frankfurt, zitiert nach der Stadion-Zeitung.

»An ihm ist nichts echt. Weder das Gebiß noch die Haare, schon gar nicht sein Gehabe. Aber er ist ein guter Tormann.«

Harald Schumacher über Jean-Marie Pfaff.

Inhalt

Vorm Toilettenspiegel 1 11
Telefonsituation 1 13
Torwandschießen 15
Beim Hair-Stylisten 17
Autogrammstunde 20
Knie-Inspektion 23
Sprachtraining 26
Im Videocenter 29
TV-Prominenz 32
Im Air-Bus 34
Ghostwriter-Probleme 37
Zu Gast beim Fan-Club 40
Opernfestspiele 43
Hymnentraining 46
Standardsituationen 49
Lektüre 52
Vertragsverlängerung 53
Vorm Toilettenspiegel 2 57
Bauherrenmodell 58
Modell Oeller 61
Telefonsituation 2 64
Versöhnungsfotos 66
Aktfotos 69
Vater und Sohn 73
Ein Anruf wird erwartet 76
Treppenhausklatsch 82
Lampenfieber 85
Ein Komplott – Telefonsituation 3 89
Trainingslagernotstand 92

Miniparty	95
High Society	101
Interviewsituation	103
Vor dem Sportgericht	104
Ein Spion	112
Thekenstrategie	115
Pressekonferenz	119
Telefonsituation 4	128
Frauenkränzchen	130
Skandal mit Anschiß	133
Gegenkandidatur	135
Lehrsituation	139
Taktik	142
Am grünen Tisch	144
Bundeverdienstkreuz	147
Ein Brief	149
Meisterschaftsfete	152
Vorm Toilettenspiegel 3	155

Die »Standardsituationen« sind ausgelöst durch die Affaire Schumacher 1987; inspiriert z.B. auch durch die Affaire Stein 1986/87 sowie durch zahlreiche weitere Pressemeldungen, TV-Sendungen und Legenden. Die ohnehin nicht immer restlos rekonstruierbare Wirklichkeit wurde dabei jeweils mehr oder weniger frei neugeschnitzt.

Theateraufführungen der folgenden Szenen erfordern ca. 6 überwiegend jüngere Schauspieler und 1–2 Schauspielerinnen – es könnte dabei ganz hübsch sein, wenn da und dort ein Schauspieler eine Frau mimt.

Erwünscht ist eine möglichst schnelle und pausenlose Szenenabfolge. Die Realisierung der Szenen erheischt meist nur ein wichtiges Leitrequisit: Telefon, Wohnzimmercouch, Kaffeetisch, Schreibtisch, Toilettenspiegel usw. Denkbar sind sowohl skizzierend-impressionistische wie auch opulent ausgeführte Bühnenrealisierungen. Nicht immer ist das zeittypisch-aktuelle Ausstattungsrepertoire in den einzelnen Szenen genau beschrieben: Jogging-Anzüge, Pullis mit Werbeemblemen, Halskettchen, geschmacklos-aufwendiges Mobiliar, allerlei Klunker an Fußballer-Ehefrauen usw. – Einfallsreichtum und Detailkenntnisse des Regisseurs sind erlaubt.

Musikalische Einlagen zwischen den Szenen müssen nicht partout sein – können aber. Plausibel erscheint mir weniger die einschlägige Fußballer-Musik, wie es sie, z.B. gesungen von der Nationalmannschaft, auf Schallplatten gibt, als vielmehr verfremdend-unverhoffte: z.B. klassische Kammermusik, Cembalo-Klänge, auch Modern Jazz usw.

Gleichfalls dem Konzept des Regisseurs sei überlassen, ob die ins Buch eingestreuten diversen Mannschaftsaufstellungen szenisch umgesetzt werden; wie auch immer.

Von den 47 Einzelszenen sollten bei Bühnenaufführungen mindestens die Hälfte, möglichst zwei Drittel vorgestellt werden. Dabei sei im Inhaltlichen wie im Formalen (Monolog, Dialog, Pantomime, kleine Personenaufläufe) möglichst die im Buch vorliegende Gewichtung bedacht.

VORM TOILETTENSPIEGEL 1

Stumme Pantomime vor dem Spiegel. Ein Schlafzimmer kann angedeutet werden. Harald, der Torwart, übt. Später seine Frau.

HARALD *trägt ein giftgrünes Trikot und wechselt es gerade aus zugunsten eines goldgelben, das deutlich an den Aufzug des Nationaltormanns Schumacher erinnert. Jetzt führt er diverse eitle und imponierende Posen aus, streicht das Höslein zurecht, zupft am Kragen usw., wobei er im Spiegel alles sehr ernst und streng kontrolliert – und dazu auch dessen Seitenflügel hin und her verstellt. Es wird langsam klar, daß er diese Posen und Krämpfe auf ihre Publikumswirksamkeit hin überprüft.*

Er streicht sich dekorativ durchs gelockte Haar und wiederum halb übungsweise, halb unbewußt an den Kleidungsstücken entlang. Setzt sich eine Torwart-Schirmmütze auf, ruckelt an ihr. Zupft am Pulli, zieht das Höslein etwas höher. Fährt mit den Handflächen prüfend über Lende und Hintern. Dreht sich mannequinhaft. Dann wechselt er nochmals die Kluft, indem er kombiniert: Giftgrüner Pulli – gelbes Höslein. Er zieht sich bückend die Stutzen hoch – prüft dabei auch diese Bewegung im Spiegel. Schüttelt den Kopf – es ist nicht ganz klar, ob spontan oder gemimt. Starrt sich an, geht dann mit den Lippen ganz nah an den Spiegel. Es hat den Anschein, er überlegt etwas abwesend, ob er sich küssen soll. Tritt wieder zurück, reckt die Brust raus und zwirbelt wie gedankenlos das schmucke Schnauzbärtchen. Dann zupft er fast manisch an den Ärmeln rum.

Frauenstimme *off* Harald! Mittagessen!

Harald *zusammenzuckend wie ertappt* Alles klar, Honey! Ich komm schon!

Zupft nochmals fast hektisch an den Klamotten. Schneidet ein paar Grimassen in den Spiegel hinein. Zieht wie abschließend das Höschen stramm hoch, bestreicht kurz den Sack. Scheint plötzlich insgesamt zufrieden. Eilig zieht er jetzt eine Trainingshose mit Aufschrift »adidas« o. ä. drüber – und dribbelt endlich wie beschwingt davon, die Schirmmütze in der Hand, mit der anderen durchs Lockenhaar fahrend.

TELEFONSITUATION 1

Ein alerter Bundesligaspieler in Haus- oder auch in Haus-Trainingskleidung. Er fläzt telefonierend im Easy-Chair o.dgl. herum – evtl. auch auf einem Kraftfahrrad-Hometrainer, den er zuweilen beim Telefonieren tritt.
Zwischen den Gesprächsbrocken bald kurze, bald längere Pausen.
CHARLY Leck mich fett. – Ach was. – Ach was. – – Achwasachwas. – Der wird nicht alt bei Köln. – Wer? Wer? Der Rüßmann? – – Lattek! Die dumme Sau! – – – Hör zu, ich – – Uli, klar. – – – Wahnsinn. – – Udo, klar. – – War schon immer so, der ist link, der ist voll gelinkt worden von Udo. – – Kackspecht. – – Unheimlich gelinkt. Die Sau. – – – Nee du, nur 'n bißchen Konditionstraining. – – – Wo Netzer ist? Du, ich – – Arschloch. – – Rendite? Du, ich schätze, so zwischen 20 und 25. – – 40? Neenee, die Knete ist nicht. – – Braune? – – Ich meine: 12 Riesen? Leck mich fett. – – – – – – Ja, gegen Leverkusen. Saß er erst auf der Bank und hat fast geheult, der Arsch. – – – Hoeneß? Aber echt nicht. – – Stand im »Kikker«, vor zwei Wochen. Ich – – – – Du, ich sag dir eins: Daß immer die falschen – – – – hör zu: daß immer die falschen bei Flugzeugabstürzen überleben! – – – Ja klar, im »Express«, klar, die Schweine haben ihn damals ganz kalt geschlachtet, ganz kalt, he du, aber echt: Eiskalt! – Du, wart mal, Sekunde!
Er legt den Hörer rasch weg, springt auf und macht sich, wie in Hitze geraten, den Oberkörper frei. Drückt dann evtl. auf ein Knöpfchen seiner Hifi-Kompaktan-

lage, so daß der Rest des Gesprächs evtl. von musikartigen Geräuschen beschwert wird – und Charly also lauter reden muß. Setzt sich wieder, schnappt den Hörer, klemmt ihn besonders lässig. Schlägt mit der Handkante anhaltend gegen den Bauch.
Auge, hör zu, mit mir nicht! Nicht mit mir! Nicht mit mir, Heinz! – – Was? – – Wenn der nicht gegen Waldhof eingewechselt wird, dann ist der weg vom Fenster, dann steht der unwahrscheinlich im Keller. – Wer? Ich? Mit wem? Mit der Mizzi? Wer sagt das? – – Bist du verrückt? Wer sagt das? – – Nee, nicht mit mir, ich heiße nicht Rummenigge, du! Wart mal, ich mach die Musik leiser! Augenblick!
Er springt wieder hoch, hüpft zum Kompaktgerät und drückt ein Knöpfchen. Falls vorher Musik zu hören war, ist die jetzt wieder weg. Charly hüpft zum Telefon zurück. Heinz? Heinz, hör zu, Auge: Der hat's grad nötig. Letzten Sonntag »Bild«-Note 5 – das heißt Samstag: Ersatzbank, du! Ja? – – – – – – Ritter-Sport? – – Kann ich nicht machen, wegen der Ausschließlichkeitsklausel. – – Klar, immer noch Snickers. Du, da kommen regelmäßig die Scheine rüber, nicht grad wie bei Porsche, aber nicht schlecht. – – Eisern, eisern, das läuft. – Klar. – – – – Kaltz? Manni? – – Manni Kaltz als Fotomodell?? Haha – – juhu, der ist doch längst Rentner! Der hat doch – – was? Im Overall und mit Neon-Brille? – – Für »Tempo«? Hahaha! Du, die alte Schwuchtel sieht doch aus wie der Dorfheini im – – – Und mit der Frisur??? Doch, die kenn ich – – doch. – – Der Kacker. – – – – Der Arsch da aus – – – – der hat's nötig, der Grufti – – – – – – –

TORWANDSCHIESSEN

Im Sportstudio. Eine Torwand mit den bekannten zwei Löchern. Spieler Erwin tumb-naiv, der Moderator unangenehm alert-infantil.

MODERATOR Alsdann, Erwin, ran an den Speck des Leders, ha! Keine Bange, kann ja nicht viel passieren, haha –

ERWIN *legt sich derweil sorgfältig den Ball zurecht, visiert ernst und mehrfach das Loch in der Torwand an, tritt zurück und lächelt etwas linkisch-weltmännisch.*

MODERATOR – nämlich auch Koryphäen wie Fritz Walter und äh: Seeler haben nicht einen von sechs Bällen reingebracht, haha, also, keine Bange, Erwin. Übrigens, den Rekord –

ERWIN *zupft nochmals am Ball herum, geht wieder zurück und will anfangen.*

MODERATOR – den Rekord, liebe Zuschauer zuhause, den sagenhaften Rekord hält immer noch Günter Netzer mit 5 Treffern von 6 Schüssen! Vor Beckenbauer, Grabowski und Hennes Loehr mit jeweils 4!

ERWIN *aufhorchend* Loehr – also Hennes Loehr, der hatte nur 3!

MODERATOR *noch fröhlich* Neenee, 4! Haha! Ganz sicher!

ERWIN *überraschend* Jede Wette: 3! 1000 Mark jede Wette! *Mehr unbewußt streckt er die Hand aus.* Der hatte 3!

Gelächter im Publikum.

MODERATOR *etwas weniger fröhlich* Nana, wir wollen uns hier nicht kloppen, Erwin Ratke, können wir nachher alles in unserem ausgezeichnet geordneten ZDF-Archiv nachlesen –

Beifall und Gelächter im Publikum.
   – nach der Sendung, okay?
ERWIN *überraschend amtlich* Laut »Kicker«-Sonderheft »25 Jahre Bundesliga« vom Mai 1987 lautet die ewige Reihenfolge: 1. Netzer 5 Treffer; 2.–5. Beckenbauer, Grabowski, Nafziger, früher Bayern München, dann Hannover 96, sowie Wenauer je 4 Treffer. 6.–23. Derbfuß, Ettmayer, Hölzenbein, Kunstwadl, Siemensmayer, Lotz, Nickel-Eintracht, Nickel-Gladbach, Lutz, Dulz, Paul äh: Moll, Haller, Brenninger, Charly Dörfel je 3 Treffer – –
Steigender Beifall im Publikum.
MODERATOR *geht linkisch-belustigt dazwischen* Toll, Erwin, toll toll! Na? *Ins Publikum, das aber längst klatscht* Ist das keinen Sonderbeifall für Erwin wert?
Das Publikum gehorcht und legt beifallsmäßig zu.
ERWIN – halt: Max Morlock hatte ich vergessen und Grosser. Peter Grosser 1965.
MODERATOR *hektisch* Na bitte, wer sagt's denn! Toll, Erwin – *ein Witz fällt ihm ein* – kannst du dich damit sofort bei der ARD bewerben, bei der Konkurrenz, für »Alles oder nichts«! Tolltolltoll! Hahaha –
Das Publikum scheppert begeistert mit. Erwin strahlt dankbar, winkt ins Publikum, legt sich dann nochmals sorgfältig den Ball zurecht. Wahlweise kann zum Schluß dieser Szene auch sechsmal auf die Torwand geschossen werden. Der Moderator kommentiert infantil-launig je nach Zufallsergebnis.

BEIM HAIR-STYLISTEN

Im Hair-Salon der etwas weltraumfahrermäßig gekleidete Stylist, vor ihm sitzend Bundesligaspieler Günther. Er kriegt mittels Lockenwicklern oder einer reichlich modernen Technik Locken gedreht. Dazu allerlei friseurlicher Schnickschnack während des Plausches.
STYLIST Jajajajaja. Und sonst, Günther? Alles paletti?
GÜNTHER *etwas konfus* Wie? Ach was. Der Neue is'n Arsch.
STYLIST Der neue Trainer?
GÜNTHER Ach was, nö, nich' Trainer, der nennt sich – wie nennt der sich noch? Ach, Scheiße. Jedenfalls mit mir macht der das nicht allzu lange. Nicht mit mir, mein Herr. Ich hab bei 96 lange genug zugeschaut, sieben Jahre hab ich zugeschaut – das kann er mit 18jährigen machen. Nicht mit Günther Pfeifer!
STYLIST *uninteressiert-routiniert* Und – Ingrid? Was –?
GÜNTHER Warum bin ich denn zu Stuttgart? Doch nicht, daß hier die Scheiße weitertropft! Ich fick mich doch nicht ins Knie! Ingrid? Hat keine Ahnung, was läuft. Die will möglichst jeden Abend von mir bestiegen werden, sonst ist –
STYLIST *lacht anerkennend. Im folgenden, je nach Talent des Schauspielers, eine ausgiebige Friseur-Pantomime: Fönen, Einschäumen, Umtänzeln des Spielers mit dem Spiegel.*
GÜNTHER He du, aber echt: Was ich schon ewig sage, ein Management, wo vier mitquatschen, das kann – kann! – nicht funktionieren, du! Trainer: okay.

Manager: okay. Präsident: okay. Aber was wollen die jetzt mit einem »Psychotrainer«? Jetzt hab ich's: »Psychotrainer« nennt sich der neue Arsch – am Arsch! Die haben doch im Vorstand den totalen Hammer, wa'! – Eh du, sag mal, machst du jetzt auch für Thomas?

STYLIST Sicher. Der wollte die selben Miami-Vice-Löckchen wie du.

GÜNTHER Ach so. Hm. Sag mal, du –

STYLIST Ja?

GÜNTHER *entschlossen* Du, das paßt mir irgendwo nicht. Kannst du den nicht woanders hinschicken?

STYLIST Den Thomas? Du, kann ich schlecht –

GÜNTHER Klar kannst du. Ich leg dir 'n 50er drauf. Was kriegst du heute? *Er will offenbar sein Scheckbuch hervorkramen.*

STYLIST 250. Du, laß mal –

GÜNTHER 250? Mann, nicht schlecht. In meinem nächsten Leben werd ich auch Frisör. *Beide lachen.* Du, ich schreib dir 350 drauf. *Er meint den Scheck.*

STYLIST Laß mal –

GÜNTHER – aber ich will den Thomas nich' mehr bei dir sehen, ja, den Tommy, ja? Der Arsch soll woanders – der soll – der hat doch überhaupt nicht die Visage für Locken! Oder?

STYLIST Okayokay, gebongt, ich laß mir da was einfallen.

GÜNTHER Ich verlaß mich drauf, Snuffy! – Der Psychoarsch, der. Mit was kommt er uns gestern? Jeder von uns soll seinen Dings, den Rhythmus berechnen, den –

STYLIST Biorhythmus?

Günther Ja, Biorhythmus, am Arsch! Und ficken nur zwei Tage vor wichtigen Spielen. Der eine sagt, ficken im Trainingslager is' nich' – der andere sagt: Ficken jeden Tag – Mensch, fickt euch doch ins Knie, ihr VfB-Arschgeigen!

AUTOGRAMMSTUNDE

Ein großer Tisch im Kaufhort. Eine widerliche Abteilungscharge in Anzug und Fliege kommt mit zwei Weißkitteln im Gefolge herein – dazu der Nationalspieler Georg, der kürzlich Buchautor geworden ist. Später eine Verkäuferin im Kittel.

CHARGE Tja, mein Guter, dann wollen wir mal. Und eines sage ich Ihnen: Sie bewegen sich da nicht in der schlechtesten Ahnenreihe! Simmel hat hier schon gesessen und zweieinhalb Stunden für den »Kaufhort« signiert. Auch Konsalik natürlich, dann die Knef, Palmer sowieso, Böll auch, Siegfried Lenz kommt jedes Jahr rüber. Schärdel, sehen Sie doch mal nach Frl. Hummel, die sollte die Blumen längst – –

Ein Weißkittel eilig ab.

CHARGE Tja, dann wie gesagt Hoimar von Ditfurth, Robert Lembke mit seinem Papierkorb aus der Weltpresse, Helmut Schmidt – na, eben die ganze schreibende Corona.

Der andere Weißkittel hat derweil zwei Stapel Buchexemplare vor dem Spieler auf dem Tisch aufgebaut.

CHARGE Ist gut, Duschke. Also, wir haben hier erst mal 300 Exemplare geordert. Am besten, Sie schreiben aber erst – setzen Sie sich doch schon mal, Brammert, hier! *Er drückt den Nationalspieler auf den Stuhl* – Sie schreiben erst, wenn die Leute reinprasseln, nicht wahr? Und bitte: Was nach unseren Erfahrungen gut rüberkommt, ist etwas persönliche Note, Flair. Den Leuten also hin und wieder eine nette Frage stellen

– nach ihrem Befinden, ob sie viele Bücher lesen, Lieblingsverein und pipapo – –
GEORG zwei war ausgemacht, oder?
CHARGE Bitteschön?
GEORG zwei! Damit nachher nichts ist! zwei – und zwar netto. Auf die Hand. Blanko!
CHARGE Wie? Ach so, ja, selbstverständlich. Ah, Frl. Hummel –
Frl. Hummel bringt zwei Topfpflanzen hereingeschleppt, Weißkittel Schärdel mit einer Schere unnütz hinterher. Weißkittel Duschke nimmt einen Topf ab. Wirrwarr, Gewusel, unnützes Rumstehen.
CHARGE Ja, gut, bon. Stellen Sie's links und rechts neben die Exemplare. *Zum Spieler* Wir dachten, als Aktions-Element. *Zu Frl. Hummel* Ach Gottchen, die falschen! Die doch nicht, Herr Schärdel, ich sagte doch eindeutig – Frl. Hummel!
Verwirrung. Frl. Hummel stellt die linke Pflanze nach rechts, die rechte nach links. Duschke schlägt theatralisch Hände überm Kopf zusammen.
CHARGE Viel zu grell das Lila – sagte ich nicht, es sollte in den Vereinsfarben von Herrn Brammert sein? Duschke! Nein, nun lassen Sie mal, Frl. Hummel, jetzt ist es zu spät – und – bitte um Nachsicht, Herr Brammert – –
GEORG 2000. Und zwar pro angefangene Stunde!
CHARGE Wie? Ach so – äh, ich dachte: total.
GEORG *überraschend heftig* Naaa! Net total! Sondern pro angefangene Stunde. Und zwar bar auf die Hand. Weil das hat der Rummenigge auch 'kriegt – und zwar schon vor zwei Jahren!
CHARGE Lassen Sie nur, Frl. Hummel! *Versucht es mit*

Ironie Siegfried Lenz signierte gratis. Und Konsalik, den wir exklusiv hatten –
GEORG *machtvoll-geschert* I bin aber net der Simmel. Sondern der Georg Brammert. Verstehen S'? 2000 netto waren telefonisch mit mei'm Manager vereinbart – weil i dös beim Hugendubel aa kriegen tu! So. Dann fang ma an – wo san denn d'Leut?
CHARGE *heiter-verdrossen* Tja, dann wollen wir mal. Ist gut. Los, Duschke, öffnen Sie. Gleich stürmen sie den Rubikon! *Bitter* Zu schreiben haben Sie ja wohl was, Herr Autor?
GEORG Jojo, da fehlt si nix.
Duschke schwätzt mit Frl. Hummel.
CHARGE Na los, Duschke, machen Sie auf, lassen Sie die Völkerscharen strömen!
GEORG *leise* Blöde Sau, saublöde.

KNIE-INSPEKTION

Im Büro des Managers. Spieler Olaf, der Manager, ein Arzt, ein Pfleger, eventuell als stumme Rolle eine Sekretärin.

OLAF Nö. Warum? Wie kommt ihr – wie komm ich denn dazu?

MANAGER Also, Olaf, hör gut zu: Entweder – oder! Wir müssen wissen, wie wir mit dir dran sind. Du sagst, dein Knie ist in Ordnung –

OLAF Isses!

MANAGER Okay, dann laß unsern Dr. Frankenstein nachsehen. Dann ist ja gar kein Risiko bei.

OLAF Kein Risiko! Kenn ich! Wie komm ich denn dazu! Mein Knie ist mein Knie und ist voll in Ordnung!

MANAGER Herzeigen!

ARZT Hören Sie, Herr Krott, ich tu Ihrem Bein –

OLAF *schreiend* Ihr seid ja verrückt! Vollkommen verrückt komplett! Ich mach das nicht!

Dr. Frankenstein macht sich dran, seine Instrumententasche auszupacken, der Pfleger schiebt eine Bahre rein mit Infusionsflaschen auf der Stange.

MANAGER Alsdann, Olaf, bringen wir's hinter uns.

OLAF Niemals!

MANAGER Hör zu, die Sache ist völlig clean. Du kriegst deinen Vertrag und noch bis zu 5000 Prämie im Monat – alles, was du verlangt hast.

OLAF Nie! Bei euch hakt's wohl echt!

MANAGER Der Verwaltungsrat hat schon yes gesagt und Weiand-Vorfelder im Prinzip auch. Mußt nur unseren Onkel Doktor kurz deine Knie begucken lassen – das machen die ganz rasch und easy. Ein Schnitt,

ein Schnittchen, ein Spiegel reingeschoben hinter dein schönes Kniescheibchen und nach den Bändern Ausschau gehalten – fertig – Schluß.
Der Arzt und der Pfleger haben die Operationsbahre fertiggemacht und immer mehr Instrumente rausgelegt – die Sekretärin versucht, Olaf quasi schwesterlich zu streicheln. Man hebt Olaf mühsam auf die Bahre. Plötzlich springt er runter und ergreift humpelnd die Flucht.

OLAF *schreiend* Ich will Fußball spielen und nicht von euch Blutegeln – – Ich will nicht – *er vertut sich hörbar* ich will nicht in der Türkei begraben sein! Lieber geh ich mit Bruno Pezzey zu den Fort Lauderdale Strikers! Ihr spinnt wohl!
Er zeigt allen den Vogel und humpelt davon.

Aus der Reihe: Aufstellungen, die man auswendig können sollte

Turek
Posipal   Kohlmeyer
Eckel   Liebrich   Mai
Rahn   Morlock   Ottmar Walter   Fritz Walter   Schäfer

Deutschland Weltmeister 1954

SPRACHTRAINING

Der Italienischlehrer und Jimmy in Jimmys Eigenheim. Beide hocken auf einem Sofa mit reichlich Knautsch- und Kuschelecken. Vor ihnen zwei ausgestopfte Hunde. Ein Dreirad, auf dem evtl. während der ganzen Szene ein Kind stumm durchs Zimmer kurvt.

LEHRER Alsdann, keine Müdigkeit vorschützen, Jimmy, nochmals: Allora: Uno – due –

JIMMY Uno – due – tre – quarta –

LEHRER Quattro!

JIMMY Quattro – cinque – sette –

LEHRER Ma no! Die Sechs lassen wir nicht aus, nach cinque folgt »sei« – »sei« heißt allerdings auch was? Ist ein Homonym für?

JIMMY Wer? Was ist?

LEHRER »Sei« heißt auch »du bist«. Allora, was hieße also: Du bist sechs Jahre in Mailand?

JIMMY *verzweifelt* Anno –

LEHRER *item* Preciso: Sei stato sei anni a Milano – ma va bene, lassen wir's für heute gut sein. In Verona, da hast du Glück gehabt, Jimmy, sprechen die meisten noch einigermaßen deutsch, gehört noch zum Trentino, war mal vor hundert Jahren Österreich. Jetzt die Fachvokabeln: Fußball heißt?

JIMMY *steht auf, wandert um den Tisch.* Calcio.

LEHRER Tor?

JIMMY Goal.

LEHRER Gol. »Goal« ist englisch, aber egal. Riegel?

JIMMY Catenaccio – Mensch, verkauf mich nicht für doof, das weiß ich schon als Kind.

LEHRER Tanto meglio. Kopfball?

JIMMY Äh: Testa?
LEHRER Colpo di testa. Colpo ist Stoß – testa ist Kopf. Bene, egal –
JIMMY Hängt das – mit Testament zusammen?
LEHRER Sicuramente! *Erfreut* Und mit Test – Attest – Testat – Protest – Protest heißt im italienischen Fußball »protesta« – aber das brauchst du noch nicht.
JIMMY Mensch, ich muß das Attest, das ärztliche Attest noch nach Verona schicken, an den Pellegrini, der ist der Präsident, der braucht das, damit ich im ersten Spiel gegen Napoli gleich – – Napoli sind Knochentreter, ich weiß es von Helmut. Haller. Aber Jimmy wird unheimlich dagegen knocken. Und dann macht's Bummbumm wie gegen HSV. Briegel sagt das gleiche. Beckenbauer tönt rum, die Italiener sind fair. Der hat keinen Schimmer. Der kennt Italien nur vom Golfspielen. Briegel sagt, er freut sich schon auf mich.
LEHRER Wieviel kriegst du eigentlich von den Hellas-Leuten?
JIMMY *stolz* Zweijahresvertrag und 7,5 Ablöse. So viel wie 87 Völler. Fast.
LEHRER Nicht schlecht.
JIMMY Hat der Schmitz gedreht. Der Exmanager von Frankfurt. Sieben Mille, 500tausend.
LEHRER Mußt du übrigens aufpassen im Italienischen. Da heißen die Tausender »Mille«. Nicht die Millionen!
JIMMY *setzt sich wieder.* Warum das denn?
LEHRER Weil die Millionen »Milioni« heißen. Un milione, due milioni usw.
JIMMY Klar, weiß ich von Karlheinz. Nicht Rumme-

nigge! Schnellinger. Nee du, ich hab da keinen Bammel. Auch nicht als Halbneger. Was Härte angeht, da macht mir bei den Spaghettis aber echt keiner was vor. Mit meinem Charme komm ich da an, wie ich's brauche, haha.

Lehrer Okay, machen wir weiter, andiamo: Was heißt nochmal Kinder?

Jimmy Bambini.

Lehrer Schule?

Jimmy Scuola, Mann! *Es klingt aber wie* »Cola«.

Lehrer Deutsche Schule?

Jimmy Cola tedesco.

Lehrer -sca. Bravo, bravissimo, basta per oggi. See you later, alligator, domani?

Jimmy Morgen? Okay, wann?

Lehrer *blättert in seinem Notizbuch*. Momentino, aspetta, allora: Domani, alle tre?

Jimmy Drei, okay, hier. *Er steht auf, plötzlich, nach kurzer Gedankenverlorenheit* Sag mal, was heißt eigentlich »Libero« auf italienisch?

Lehrer *geplättet* Libero?! Na – sag mal!

Jimmy *schlägt sich vors Hirn* Ah so, klar! Du – klar doch! Libero! Mensch, ich Arsch! Echter Blackout!

Beide lachen gehemmt.

IM VIDEOCENTER

Verkäufer und Spieler-Ehefrauen-Blondchen Silvie in einer Art Freizeit-Breakdance-Einkaufskostüm in Pink und Hellviolett. Video-Stellagen. Der Verkäufer stapelt Bänder und tippt die Preise in einen Klein-Computer.

SILVIE *zwitschernd* Huch nee, Hardcore mögen der Ditmar und ich nicht. Höchstens Soft-Klassiker. Und natürlich Horror.

VERKÄUFER Okay, da hätten wir also –

SILVIE Ja, rechnen Sie schon mal zusammen. Auf American Express Card.

VERKÄUFER Jawohl ja. Alsdann: »Mit roher Gewalt«, dann »Besuch aus dem Weltraum II«, »Winnetou und das Halbblut« und »Fahrstuhl des Schreckens«. Dann von Elvis –

SILVIE Rechnen Sie's nur dazu!

VERKÄUFER – von Elvis dann »Fun in Acapulco«, »Hawajan Paradise«, dann »Blue Hawaii« –

SILVIE Ja, im Sommer fahren wir hin. Ditmar mag Elvis noch lieber als ich.

VERKÄUFER – dann »Ein Sommer in Florida« und »Girls! Girls! Girls!« – das wär's. Sind also 13-14-15-16 Bänder à 79.90 Mark wären –

SILVIE *liest von einem Zettel ab* Ach so, und dann noch die zwei Elvis-Sonderangebote für 59.90 Mark: »Das ist Elvis« – und »Elvis – Aloha From Hawaii« – das hatten wir schon, aber wir haben's neulich Frank zum Geburtstag geschenkt – Frank ist der Arbeitskollege von Ditmar, der Vorstopper.

VERKÄUFER *greift die beiden gewünschten Bänder.*

Zweimal Elvis zu 59.90 Mark. *Tippt in Taschen-Computer* So. Das wären dann summa summarum 1260.70 DM für 18 Bänder. Gehen 5 Prozent Rabatt ab –
SILVIE Ach, lassen Sie nur!
VERKÄUFER Nichts da, gnädige Frau, 5 Prozent sind Stammkundenrabatt! *Tippt.* Wären also 1197 Mark.
SILVIE Ich schreib 1200. *Deplaciert* Der Rest ist für Sie! Ach, fast hätt' ich's verschwitzt: »Fahrt ins Grauen« kommt noch dazu –
VERKÄUFER *blasiert-indigniert* Tut mir leid, gnädige Frau, ist momentan vergriffen.
SILVIE *überraschend und laut* Ach du gute Scheiße, Mensch. Wollte Ditmar unbedingt.
Nicht ganz einsichtig trippelt sie ein wenig auf und ab – obligatorisch mustert der Verkäufer Silvies nicht sehr gekonnt wippenden Hintern.
VERKÄUFER Tscha. Aber, hören Sie, neu im Sortiment ist jetzt dieser Cinema-Evergreen »Flucht oder Sieg« von John Huston. Film aus dem Weltkrieg-II-Milieu! Obwohl's wie nach Fußball klingt, hehe!
SILVIE Ach was? *Ihr fällt was ein, sie winkt ab.* Ach nee, Fußballerfilme findet Ditmar nich' gut, findet er langweilig, sagt er. Ich auch. Horror braucht er. *Sie macht weiter mit Scheck und Express Card herum und setzt zu einem nicht ganz einsichtigen längeren Monolog an.* Okay. Wie schon gesagt, baut Ditmar seine Videothek ja erst so richtig auf, leihen möchten wir nicht, er sagt, er möchte erst mal einen Grundstock von 1000 Bändern haben. Mitschneiden vom Fernsehen möchte er nicht. Video beruhigt ihn. Ein oder zwei Spiele pro Woche, da ist er nicht ausgelastet.

Gut, fünfmal in der Woche trainiert er – das schlaucht schon, aber nachher ist er trotzdem nervös. Video ist eben sein Hobby. Vier bis fünf Bänder zieht er sich täglich rein – zu mehr reicht leider unsere Zeit nicht. Kinder wollen wir erst später, sagt Ditmar. Video – das braucht er wegen seinem Ausklinken aus dem Psychostreß. Die anderen in seiner Mannschaft gucken auch fast regelmäßig. Ditmar kuckt am Tag vier, an Sonntagen auch oft fünf!

VERKÄUFER *anerkennend-ironisch zähnepfeifend* Jeden Tag vier oder fünf! Da müssen wir ihm nächstens eine Treueprämie –

SILVIE *setzt sich plötzlich etwas überraschend auf einen Hocker und zündet eine Zigarette an.* Ich darf doch? In Streß-Situationen vor besonders wichtigen Spielen, in England und so, da pfeift er sich auch fünf oder acht rein.

VERKÄUFER Fünf oder acht! Tscha, so gute Kunden gibt's nicht jeden –

SILVIE Oder dann umgekehrt: im Urlaub. Auf den Seychellen. Einmal weiß ich bestimmt, daß es acht waren. Übrigens, was Sie heute in den Zeitungen über Ditmar lesen, stimmt gar nicht. Er hat von seinem Verein sogar ein Traumangebot gekriegt. Telefonisch erst mal. Ich heiße übrigens Silvie, du kannst auch du zu mir sagen. Das stimmt nämlich gar nicht, daß wir in die Schweizer Liga müssen, weil dort angeblich langsamer gespielt wird. Haben Sie »Fahrt ins Grauen« mit zugepackt? Ach so, ja, ist ja total vergriffen. Total beknackt, was in den Zeitungen heute steht. Ditmar will auf Rufmord klagen.

TV-PROMINENZ

Typische Fernseh-Quiz-Szenerie mit allerlei ornamentalem Schnickschnack. Zwei junge Frauen rechts – zwei Nationalspieler links, eingekleidet in etwas zwischen Haus- und Trainingsanzug. Ein hektisch-frohsinniger Quizmaster.

QUIZMASTER Alsdann, auf die Plätze: Fußballnationalmannschaft gegen Fernsehansagerinnen – gesucht werden auch hier die schnellsten Denker! Zuerst die Männer. Was fällt Ihnen ein zu dem Begriff »Nation«? Achtung-Dalli!!

UWE *betont bedächtig* Also: Deutschland.

DIRK *ebenso* Vaterland.

UWE Volkstum. Also bzw. Volk.

QUIZMASTER Okay, geht beides durch!

DIRK Kohl. Also Staatsoberhaupt. Helmut Kohl.

UWE Bundestag.

DIRK Bundesrat.

UWE *stockt.*

QUIZMASTER Na? Na? Noch 12 Sekunden! Noch 10!

UWE *etwas durcheinander* Bundesregierung.

DIRK FDP.

UWE Naja: Adenauer ...

DIRK Adenauer – äh, blöd: Hatten wir schon! Brandt! Willy Brandt!

UWE Schmidt. Hartmut Schmidt.

QUIZMASTER *macht sinnlos Tempo* Ja, lassen wir durchgehen! Und noch? Weiter! Tempo! Dalli! Na! Endspurt!

Die beiden Frauen kriegen sich vor Lachen nicht mehr ein.

QUIZMASTER Noch 5, noch 4 Sekunden!

Dirk *ruhig und überraschend* Berliner Mauer.
Uwe Ollenhauer. Erich Ollenhauer.
Gong o. dgl. ertönt.
Quizmaster *noch hektischer* Dalli-Stop! Und? Toll-toll-toll! Das waren genau 13 Begriffe in genau 25 Sekunden! Gratulation – ehrlich! *Ins imaginäre Publikum* Und dabei haben die beiden sogar noch die – Nationalelf ausgelassen, haha! Als Nationalspieler! *Er prustet definitiv los.*
Die beiden Frauen prusten dekorativ mit.
Uwe *fällt's schuppengleich von den Augen* Och ja, Mensch, klar! Nationalelf!
Dirk *item* Klar, Nationalelf. So was Blödes.
Halb naiv, halb den Spielregeln gehorchend schlagen sich beide die Hände vor die Augen. Irgendein Applaus prasselt los.
Uwe Mensch!!
Dirk Mann!!!

IM AIR-BUS

Vier abgekämpfte Spieler, je zwei in zwei Polstersitzreihen, die Beine von sich streckend und sich hin und wieder blasiert wälzend. Motorbrummen.

Erste Reihe
ULF Unentschieden war immer drin!
HERBERT Okay, wir hätten aber auch höher eingehen können als 3:1. 3:1 geht noch.
ULF Unentschieden war drin, sag ich.
HERBERT *nicht ganz durchschaubar* Hexenkessel Dortmund gegen Narrenhaus Schalke 3:1. Vergiß es.
ULF *undurchschaubar* Neumann, der Arsch der, diese kleine Ratte...

Zweite Reihe
BERTI War's Foul?
SNUGGY Du, ich hab hinten keine Augen.
BERTI Ob's Foul war?
SNUGGY Nee, war kein Foul. Und bei dir? War's Elfer oder Schwalbe? *Gemeint ist ein künstlicher Flug, der einen Elfmeter provozieren soll.*
BERTI Klar war's Schwalbe. Scheiße, daß die dumme Pfeife aus Waiblingen nicht angebissen hat. Zweimal ist er schon drauf reingefallen. In Köln und im Volkspark, heey!
SNUGGY Wann?
BERTI 85.

Erste Reihe
HERBERT Den Detarek einwechseln zehn Minuten vor Sense war Scheiße, große Scheiße. Der Lackner

glaubt schon immer, die Kanaken können Wunder wirken, Mensch, wenn's nicht läuft.

ULF Du, wart's ab, nächstens wählen die noch einen dreckigen Türken for President, die Schleimer. Und? Was läuft mit Valencia?

Zweite Reihe

BERTI Und dann kriegt er seinen Rappel, he! Der Schmitz is' 'n Sausack. Manager! Ha!

Erste Reihe

HERBERT 33 000.

ULF Im Monat? Nicht schlecht.

HERBERT Scheiß-Schalke! Da hilft dir nur noch der liebe Gott, so offen sind wir hinten. Wenn du mich fragst: Ich mach erst den A-Schein als Trainer – und dann »Herbys Shop« in der Fußgängerzone.

ULF Und? Hast du die Scheine im Safe?

HERBERT Aber sicher. Schalke-Wimpel, Fähnchen, Trikots – da läuft in Schalke immer was. Ich bin jetzt 31.

ULF *unverständlich* Wer?

HERBERT Ich will keine Namen nicht nennen.

Zweite Reihe

BERTI Und wenn du mal aufhörst? Du wirst doch jetzt 32.

SNUGGY Strapspuppen. Hab 'n Angebot von »Dollys Beerhouse«. Als Geschäftsführer. Oder was mit Computer. Bei Commodore in Heilbronn. Sport-Marketing-Leiter. Wie jetzt der Dieter.

Erste Reihe

ULF Unentschieden war echt drin. Wenn die Gurke nicht die Banane reinläßt. Kurz vor Halbzeit.

Zweite Reihe
SNUGGY Und du?
BERTI Da gibt's ein Angebot von RTL plus. Als Zweitkommentator für Zweite Liga. Ach, Mensch.
SNUGGY Ja, Mensch, Scheiße. Schalke-Scheiße *er singt plötzlich nach einer bestimmten simplen Melodie, erst leise, dann lauter* Schalke-Scheiße – – Schalke-Scheiße – o–o–o – oooo!
BERTI *fällt ein, halblaut* Schalke-Scheiße usw.

Erste Reihe
HERBERT Mensch, hört doch auf, ihr! *Beugt sich zornig zurück.*
ULF Schnauze, ihr!

Zweite Reihe
BERTI Klappe! *Snuggy singt weiter.*

Erste Reihe
ULF Fresse!

Zweite Reihe
BERTI Arsch!

Erste Reihe
ULF Wichser, ihr!
Snuggy hört zu singen auf. Kurzes Schweigen. Motorgeräusche. Dann klemmen sich alle vier Walkmen ins Ohr. Zwei greifen erneut zum »Kicker«.

GHOSTWRITER-PROBLEME

Szene spielt in einem Mövenpick o. ä. Bundesligafußballer im Straßenanzug; Ghostwriter in einer Kluft, die halb wie Zivil, halb wie Aerobic-Training aussieht. Der Ghostwriter ist zwar älter, wirkt aber in Outfit und Gehabe eher jünger als der Fußballer. Vor ihm liegt ein Packen Papier. Der Fußballer raucht und trinkt ein kleines Helles – der Ghostwriter Tomatensaft. Evtl. eine Kellnerin in der Mitte der Szene als stumme Rolle.

GHOSTWRITER *erregt gestikulierend, aufs Papier deutend* Neeneenee, mein Alter! Sooo nicht! Soo liest sich das wie Courths-Mahler, wie die Memoiren des seligen Fritz Walter. Wie Herberger-Ära, mein Gutester. Wie? Nee, natürlich, selig ist er noch nicht – der alte Fritz –, aber diese Ideologie, diese Sentimentalität ist out, passé. Von wegen elf Freunde und Friede, Eierkuchen, pipapo. *Trinkt hastig.* Das kauft dir heute kein Schwanz mehr ab, Stefan – und ich meine das, hör zu, im doppelten Sinne, hör gut zu: Wir machen hier in unserer »Cosmos«-Serie keine Ladenhüter, sondern Seller. Best- oder zumindest Media- oder Longseller. Ich meine: Steadyseller. Absolut du, klar, nicht alles kann so rennen wie damals die Schumacher-Schmonzette, Wahnsinn! – Wahrscheinlich hat da schon der Kölner Klüngel die halbe Auflage weggekauft. Aber, paß auf, so geht das nicht. Was ich brauche, was ich von dir erwarte, das ist: Sex und Crime im Profi-Fußball. Wir beide sind Professionals! *Gesprochen »Profääschänällls«.* Du und ich. Compris?? Also: Drogen! Weiber! Anabolika! Intrigen! Thesen! Rauschgift! Weiber! Weiber und nochmals Weiber. Damit die Presse mitspielt. Damit wir den Journalisten die Blöcke und die Bänder volldiktieren können! Damit wir – *Er redet sich immer wärmer* – sie im Sack haben. Hämmer! Love-Stories! Weiber! Arsch und Titten! Und die – wenn ich bitten darf – möglichst im Trainingslager!! Okay, du??

STEFAN *naiv-plump-beschaulich, eventuell fränkisch* Nuja, also, was haaßt »Trainingslager«? Im Trainingslager waren eigentlich nie Weiber – na guuut, die aaane G'schicht' dortmals – –

GHOSTWRITER *in seinem Element, fast durchdrehend* Na dann saug sie dir aus den Fingern, Junge! Mach aus der – wasweißich – Stadionwirtin eine totale Nitribitt! Voll unter die Gürtellinie, Mensch! Jeden Tag drei Nummern mit der eigenen, der Stadionwirtin und der Alten deines Mannschaftskameraden, deines Intimfeinds – das Konzept greift in der Branche! Da greifen wir den Kies ab, Stefan! Weiber wie bei Iglesias! Udo Jürgens! Oder wenigstens Beckenbauer! Die Alte daheim in Grünwald – und er in Kitzbühel mit der frischen Jungen. Liane!

STEFAN Di-ane.

GHOSTWRITER Wie?

STEFAN Di-ane. Haaßt dem Beckenbauer sei G'spuserl in Kitz.

GHOSTWRITER *verwirrt* Eben. Love! Sex! *Langsam glaubt er selber, was er redet.* Hasch! Koks! Unwahrscheinlich! Volle Pulle unter die Headline – sorry: Gürtellinie. Mensch, Stefan! Ich kann doch nicht alles selber türken und mir aus den Fingern saugen. *Nach hinten* Zahlen!

STEFAN *naiv* Naaa, i hab mir halt denkt, mir arbeiten im Team! *Klingt wie »Diem«.*

GHOSTWRITER *nicht mehr zu halten* Na eben! Also! Wir machen ein Kesseltreiben, daß die Branche weint! Und dem Mast würg ich en passant eine rein – brauchst du nicht drum zu kümmern. Wir schreiben deeen Hammer!

STEFAN Nu olso.

GHOSTWRITER Und kein Muffensausen, Stefan! Und wenn du dem Neuberger seine Alte bügelst. Neinnein, der DFB kann dir da gar nichts wollen, wenn du nicht unter die Gürtellinie gehst. Keine Bange, Stefan. Wir sind juristisch voll abgesichert. Schumacher war ja doof und Schmitz. Unheimlich! Alsdann mein Kleiner – zahlen! – alles klar?? Nun reiß dich doch schon mal am Riemen! Wann sehen wir uns wieder? *Notizbuch ziehend* Heute in einer Woche? Und denk jede Sekunde dran: Zwischen uns besteht absolute Vertragseinigkeit! Ja!?! Stefan!

STEFAN Jo – scho – i maan, wenn oba nou mei Goudala... *Das ist fränkisch »Gattin«.*

GHOSTWRITER *hat gar nicht hingehört* Weiber, Stefan! Doping! Pharma, Hormonpräparate! Suff! Suff und nochmals Weiber! Stefan!! Wir haben einen Vertrag! Absolut!

ZU GAST BEIM FAN-CLUB

Szenerie ad libitum. Jürgen im Trainingsanzug. Die Fans (Stücker fünf) möglichst im Trikot von Jürgens Mannschaft. Eventuell Wimpel auf dem Tisch »I like Jürgen« o. ä. Getrunken wird Cola. Nur einer der Fans ist offenbar schon zu Beginn betrunken – er hat ein Bierseidel vor sich und schläft während der Szene auf dem Tisch ein.

LEADER Und nun also, Friends vom Jürgen-Wehmeier-Fanclub Niederrad, los mit euren Fragen. Keine falsche *vertut sich* Bescheidenheit!

FAN 1 Naja, was mich interessiert: Was ist dein Lieblingsessen, Jürgen?

JÜRGEN *schon ziemlich fernsehversiert* Also, auf die Gefahr hin, daß ich dich enttäusche: Eigentlich Saltimbocca. Oder – Forelle Müllerin-Art. Und jetzt auch oft mexikanisch, natürlich.

LEADER Noch Fragen?

JÜRGEN Nur zu!

FAN 1 Und trinken? Getränk?

JÜRGEN Hin und wieder Kir Royal. Sonst: Henninger-Pils.

FAN 2 *rafft sich mächtig auf* Jürgen, was ist Ihre politische Einstellung, ich meine...

JÜRGEN Ja?

FAN 2 Ich meine: zwischen den großen Blöcken?

LEADER Nu' laß mal das »Sie«, Horst. Kannst ruhig »Jürgen« zu Jürgen und »Du« sagen.

FAN 2 *pariert* Was ist deine politische Einstellung, Jürgen?

JÜRGEN *doch etwas in Verlegenheit* Will mal sagen:

Demokratie ja. Aber im wohlverstandenen Sinne.
Aber nicht im Verein. Nicht überall können alle
überall mitreden. Das wäre sonst östliches Block-
denken.

Der Biertrinker legt den Kopf auf den Tisch.

FAN 3 Dein Lieblingsschauspieler? Götz George?

JÜRGEN *schmunzelt versiert* Larry Hagman.

LEADER *flüstert mit einem anderen Fan, es geht offenbar um den Schlafenden. Er deutet auf ihn und sagt zu einem anderen Fan leise* Gebt dem kein Bier mehr, der versaut uns alles hier!

FAN 4 Und deine Lieblingsschauspielerin?

JÜRGEN Früher Raquel Welch. Jetzt ziemlich Ornella Muti. *Pause.*

Der Leader fuchtelt, es geht scheint's wieder um den Schlafenden.

FAN 2 Was liest du am liebsten für Bücher, Jürgen?

JÜRGEN Simmel. *Kleine Pause.* Und Thomas Mann.

FAN 3 Deine Devise?

Fan 1 und 2 rütteln jetzt am Schlafenden

JÜRGEN *wohlvorbereitet* Fairneß. Manche sagen, ich gehe als Sportler über Leichen. Aber das stimmt nicht. Ich gehe höchstens über meine eigene Leiche.

Man hat inzwischen den Schlafenden wachgerüttelt. Er erwacht, glotzt blöd, greift nach seinem halbvollen Bierseidel und hat das letzte Wort mitgekriegt.

HUBSI »Leichen«? *Quallig-bösartig* »Leichen pflastern meinen Weg« – »Deutschland erwache« – *lauthals* Nieder mit dem Türkenpack! Haut sie alle auf den Sack! *Schläft wieder weg.*

LEADER *platzt der Kragen* Mensch, schon wieder Hubsi! *Zu den anderen* Ich hab euch gewarnt! Das geht nicht

gut! Der trinkt seit sechs Tagen! Jürgen, wir bitten –
Jürgen *souverän* Macht doch nichts. Noch Fragen?
Fan 4 Dein Lieblingsvideo?
Jürgen »Die letzten Tage von Pompeji«. Mit Silvester Stallone, Quatsch: Franco Nero.

OPERNFESTSPIELE

Nationalmannschaftskapitän Klaus und seine Frau Renate – Bayreuths Wolfgang Wagner und seine Frau Gudrun – ein Herr Neureuter vom DFB, der eine gewisse Ähnlichkeit mit Hermann Neuberger haben könnte. Klaus sehr verlegen und linkisch – der Smoking und der schöne Haarschnitt nützen da ebenso wenig wie die heischend-strafenden Blicke der Ehefrau Renate.
Spielen könnte das Ganze in einer Art Loge oder einem Salon des Festspielhauses am Grünen Hügel. Alle fünf haben Sektgläser in der Hand. Im Hintergrund vielleicht etwas leise und populäre Wagner-Musik.

NEUREUTER *schwungvoll* Aaaaaah ja! Haha! Ja, wenn ich nochmals genau bekanntmachen darf:
Ab jetzt kreuzweis-linkisches Händeschütteln.
NEUREUTER Frau Renate und Herr Klaus Augenberger, der Captain unserer Nationalmannschaft und Libero bei Bayern – Frau Gudrun und Herr Wolfgang Wagner, der Chef der Festspiele hier in Bayreuth, der Sohn des großen Richard Wagner –
FRAU GUDRUN Enkel! Enkel, Herr Neureuter!
WOLFGANG WAGNER *geht etwas unter* Weh dir, daß du ein Enkel bist, ha!
Allgemeines Gewürge und Gelächter.
NEUREUTER Oh, Pardon, natürlich: der Enkel! Kinder, wie die Zeit vergeht. Tja, Augenbergers sind hier zum erstenmal bei den Festspielen hier – oder?
FRAU RENATE Klaus zum erstenmal. Ich selber bin ja eine alte Wagnerianerin, schon von meinem Papa her, der hat in München –

NEUREUTER *geht dazwischen* Jajajajaja.

WOLFGANG WAGNER *etwas senil und fränkelnd* Den Klaus, Herr Neuberger, den brauchen Sie mir doch nicht vorzustellen, den kenn ich doch vom Fernsehen her, wir schauen uns praktisch jedes Länderspiel und jede »Sportschau« an –

FRAU GUDRUN Na na!

Gelächter,

WOLFGANG WAGNER – klar! Fußball ist genauso *verbessert sich feixend* fast genauso dramatisch *gesprochen* »dromoodisch« wie die Opern von Richard Wagner.

FRAU RENATE *sinnlos* Genau!

WOLFGANG WAGNER *jovial* Also nochmals Prosit!

Prosten und kleines Gewürge.

WOLFGANG WAGNER *greift sich die Schulter von Klaus, jovial* Und, Klaus? Verletzung wieder ausgeheilt?

KLAUS War nur Meniskus. Danke gut.

WOLFGANG WAGNER Und? Gefällt Ihnen – Bayreuth?

FRAU GUDRUN *springt ein* Der erste Akt der »Meistersinger«« ist ja noch ziemlich leicht eingängig – oder?

KLAUS *etwas relaxter* Ja, doch, toll!

FRAU RENATE *forsch dazwischen und daneben* Klaus hatte zuerst etwas Schiß vor Wagner, aber –

KLAUS *flott-fest* Nein, ehrlich, entspannt mich echt. Klasse Musik – und – die Sänger erst: Spitze! Peter Hofmann: einsame Spitze!

Kurze peinliche Berührtheit.

NEUREUTER *rettet kräftig* Aber der ist als Nürnberger Meistersinger natürlich Club-Anhänger, Klaus! Haha! Aaaah!

Mächtiges Lachgeschepper aller.

Schaffer

Knoll   Uebelein

Bergner   Baumann   Ucko

Herbolsheimer Morlock Schade Glomb Winterstein

Club um 1953

HYMNENTRAINING

Eine Art Trainingsraum undefinierbaren Charakters, vielleicht ein Trainingslager. Ein DFB-Agent und fünf Nationalspieler.

DIETER *gickernd* Immer der Lothar!

LOTHAR *nachäffend* Was Looothar!?

DFB-MANN *ernsthaft zornig* Herr-gott-noch-mal, so reißt euch doch jetzt mal am Riemen! Lothar! Die anderen haben's doch auch geschnallt! Also was ist denn!? Nochmal: Drei, vier – und Muffy, nicht so krähen! Aber schön weit den Mund aufmachen, klar? Drei, vier: »Einigkeit und...«

Er schlägt heftig den Takt.

ALLE FÜNF *singend* »Einigkeit und Recht und Freiheit...«

Man hört aber mindestens einen dazwischen »Deutschland, Deutschland, über alles...«

DFB-MANN *reißt die Geduld* Mensch, am Arsch! *Schreiend* Doch nicht »Deutschland, Deutschland, über alles«! Zocke, du warst das! Sondern –

ZOCKE Ich war's nicht, heeey! Ich hab genau –

DFB-MANN *stampft mit dem Bein auf.* Dann war's wieder Lothar! Und was ist das überhaupt für eine Haltung, Lothar!

LOTHAR *ertappt* Nein, weil doch – Mensch, wir haben doch gestern –

DFB-MANN Nein! »Deutschland, Deutschland, über alles« ist heute ver-booo-tänn! Wir sind nicht mehr bei – äh: Sepp Herberger im Trainingslager. Und da war's auch schon verboten, 1954! Und dafür kriegt ihr auch jede Menge mehr Kies! Mensch Mann, wenn ich denke – wir haben bei Herberger noch für ein Butterbrot – ha! *Er findet zum Thema zurück* Leute! Hartmut! Wie oft denn noch: Die erste Strophe singen wir, wenn überhaupt, nur noch in-tern!! Ohne Presse! Ohne Publikum! Vergeßt nie – Lothar, Zocke, Dieter, hör doch mal her! – die ganzen internationalen Kameras sind drei Minuten lang auf eure Mäuler gerichtet – da sehen die Leute draußen genau, wer nicht mitsingt, sie sehen aber auch jedes falsche Wort! *Steigert sich* 30 Millionen sehen alles, und so viel haben wir übermorgen! Einer unter 30 Millionen sieht immer was! Und am nächsten Tag steht es in der gesamten Presse, daß Lothar Koblungen –

LOTHAR *maulend* Warum immer ich?

DFB-MANN – die falschen Wörter gegrölt hat. Alle sehen euch zu. Wie bei jedem Paß und Fehlpaß. Sehen auf eure Lippen – wenn sie euer Geröhre schon nicht verstehen, he!

Lothar will sich offenbar verdrücken.

DFB-MANN Hiergeblieben, Lothar! Zocke! Also nochmal: Blick halbhoch, Dieter! Kinn vorstrecken, Hartmut, ja, du! So! *Er streckt das Kinn vor wie vor dem Erschießungskommando.* Zocke, Lothar: Locker stehen und doch straff! Kein Standbein-Spielbein-Wechsel! Und ja nicht Kaugummi-Kauen, Zocke!

ZOCKE Ich kau nicht, hey, Mann, was –

DFB-MANN Schluß jetzt! *Holt zum Dirigieren aus.*

DIETER *meldet sich mit Fingerzeichen* Chef?

DFB-MANN Was ist?

DIETER Äh, kann ich mal –?

DFB-MANN Nein!!! Du kannst dein Wasser noch die

drei Minuten halten, also, stillgestanden! Und: *Holt wieder aus* Drei, vier: »Einigkeit und...«
ALLE FÜNF »Einigkeit und Recht und Freiheit« – –
Man hört aber wieder, durchaus klamottenhaft, etliche falsche Wörter wie »Macht« und »Heiligkeit« und »Steilpaß« grölen.
DFB-MANN *im Singen und Dirigieren* Na also, geht doch – warum denn nicht gleich!

STANDARDSITUATIONEN

Im Fernseh-Sportstudio. Eine Sportmoderatorin, blond und versiert und strahlenddämlich, im Gespräch mit Spieler Matthias, der möglichst fränkelt oder pfälzert.
Die Szene erklärt quasi den Stücktitel.

MODERATORIN *zieht Matthias mit der Hand etwas an sich ran, Blick in die Kamera, Mikro hin und her schwenkend* Manni Matthias, was war los heute? Ihr habt im vorentscheidenden Spiel gegen Kaiserslautern hoch mit 1:4 verloren. *Grimasse in die imaginäre Kamera* Wie kam's?

MATTHIAS *wie aufgezogen leiernd, im schlechtesten neueren Fernsehreporterstil* Also, an sich waren wir von Anfang an durch unseren Trainer, *gesprochen* »Drähna«, also praktisch durch unseren Tabellenstand motiviert –

Die Moderatorin müht sich grimassenhaft lächelnd, Matthias zu bewegen, besser zur Kamera hin zu schauen und zu sprechen; endlich schnallt er's.

MODERATORIN *abwesend* Und – was lief falsch?

MATTHIAS Wir waren, wie g'sacht, motiviert, praktisch hochmotiviert – aber dann ist aus einer Standardsituation heraus, wie g'sacht, schon nach 13 Minuten das 0:1 gefallen, dann fünf Minuten später das 0:2, wieder eine Standardsituation, wo eigentlich bei einer voll eingespielten Deckungsreihe nicht passieren darf, wenn man auf Meister programmiert ist. Also: Einwurf, Flanke, Tor. Frage: Wo blieb die Deckungsarbeit?

MODERATORIN *sinnlos* Tja – das ist die Frage –

MATTHIAS *noch aufgezogener* Gut, nach dem Anschlußtreffer waren wir praktisch wieder motiviert, motiviert waren wir ja vom Leistungsdruck her vom Anpfiff weg –

MODERATORIN *weiß was* Und ja wohl auch von den Siegprämien her! –

MATTHIAS Klar. Auch von den Prämien her hochmotiviert. Wir sind praktisch auf Sieg einprogrammiert ins Spiel gegangen, aber dann kurz nach dem Seitenwechsel, wo wir das Spiel kontrollieren, praktisch das endgültige Out, das 3:1 für den Gegner in einer unerwarteten Situation. Praktisch wieder zum dritten Mal eine Standardsituation, was wir an sich glatt vom Training her beherrschen müßten, jedenfalls die Leistungsträger der Mannschaft.

Die Moderatorin feixt-äugelt etwas nervös ins Publikum, ständig hektisch smiling.

MATTHIAS Also: Freistoß an der 16-Meter-Grenze – wir bilden die gewohnte Mauer – scheinbar steht der Mauerblock –, aber dann haben zwei Mann plötzlich einen totalen Blackout. Es entsteht ein Loch, mit dem natürlich der Keeper nicht rechnen kann, wie g'sacht. Dürfte normalerweise nie passieren, daß der Ball reingeht aus so einer relativ ungefährlichen Standardsituation heraus.

MODERATORIN *will nett sein* Hundertmal im Training geübt, und dann –

MATTHIAS Ach, tausendmal! Erst vorgestern noch mit unserem designierten Co-Trainer! Aber – es passiert eben trotzdem.

MODERATORIN *falsch-vergnüglich* C'est la vie – auch im Spitzenfußball.

Matthias Klar war dann, wie g'sacht, ein unheimlicher Riß in der Mannschaft. Klar, Mensch. Wir waren nachher praktisch total demotiviert, genau. *Plötzlich überraschend ernst* Praktisch meine größte sportliche und ich möchte sagen menschliche Enttäuschung seit 1982.

Moderatorin *fix* Na, Kopf hoch, Manni, vielleicht klappt's ja wenigstens nachher bei unserem Torwandschießen.

Matthias *wie ferngesteuert* Das 4:1 war dann praktisch nur noch eine Frage der Zeit.

LEKTÜRE

Spieler Ralph, Beine hochgelegt, liest etwa zwei Minuten lang stumm, zweimal umblätternd, in der gut sichtbaren »Bild«-Zeitung. Dann legt er das Blatt weg und starrt vor sich hin. Im Wohnzimmer – das gleiche wie in der zweiten Szene – schlägt dreimal ein Gong. Ralph starrt weiter in den Boden.

RALPH *plötzlich rauh und halblaut* Fick doch die Hühner, blöder Rehhagel.

Er steht auf, spuckt aus und geht zur Hifi-Kompaktanlage. Auf Knöpfchendruck beginnt eine entsetzlich laute, dumpf-rhythmische Musik. Nach ca. einer Minute endet sie abrupt.

VERTRAGSVERLÄNGERUNG

Die folgende Szene basiert auf einer bekannten Legende rund um den Spieler Szymaniak. Ein pompöser Präsidenten-Büroraum, der Kassier, Spieler Horst. Rund um den Schreibtisch geht der Präsident soeben schwungvoll auf den stehenden Horst zu.

PRÄSIDENT Natürlich, natürlich ist uns klar, lieber Horst, daß du für uns hier in der Bundesliga nur zu halten bist durch eine gewisse Gehaltsaufstockung.

HORST Woll. Und?

KASSIER Aber nur eine kostenneutrale.

PRÄSIDENT *flink* Vergiß nicht, Horst, du beziehst jetzt schon im Verein ein astrologisches Spitzengehalt, Spitzengrundgehalt, wenn man –

HORST Und? Was woll'n Sie damit sagen?!

KASSIER Du darfst nicht vergessen, daß das Neid hervorruft, Aggressionen – Sozialneid –

PRÄSIDENT *geht während der ganzen Szene immer wieder um den Tisch rum* – und in der Folge schlechtere Mannschaftsleistungen – und dann haben alle den Schaden. Horst, wir sitzen alle in einem – *Telefon schellt. Der Präsident verstört:* Ich bin jetzt nicht zu sprechen! *Greift aber blindlings zum Hörer.* Ich bin jetzt nicht zu sprechen! *Knallt den Hörer wieder auf.* Horst! Du verdienst doch schon satt!

HORST *leise, wie zu sich* Mensch, leck mich doch hier alle im –

PRÄSIDENT *beschwörend-väterlich* Und deshalb wollten Klamm und ich dir vorschlagen, daß du für 1987/88 von uns –

KASSIER – von uns – unterderhand wohlgemerkt, die

anderen und die Presse brauchen davon nichts zu wissen, hörst du –

PRÄSIDENT Setz dich doch mal, Horst.

Das Telefon schellt wieder und ungefähr zehnmal in das folgende Gespräch hinein, niemand geht mehr ran.

PRÄSIDENT *verschwörerisch* Es ist zu deinem Vorteil, Horst. Klar, wissen wir: daß du neulich kurz in die sogenannte Weltelf berufen worden bist – wir lesen ja auch Zeitung –, und freuen uns, klar! Aber erst in der 73. Minute bist du zum Einsatz gekommen, weil Lima sich verletzt hatte. Äh *ist vom Thema abgekommen* – und natürlich ist uns auch bekannt, daß sowohl Barcelona als auch Brescia an dich herangetreten sind –

HORST Turin!

PRÄSIDENT Oder Turin. Und klar möchten wir, daß du bleibst, Wehmeier als dein Nachfolger im Mittelfeld *drohend* ist noch nicht ganz so weit –

HORST Wehmeier!? Oioioioioi! Unser Jüngelchen aus Muttis Laufstall! »Wehleider« müßte der heißen, woll! Ich werd' nich' mehr: Wehmeier!

PRÄSIDENT Klar, Horst, laß uns ein Gentlemen's agree – wir bieten dir –

KASSIER *amtlich* Eine Aufstockung um ein Viertel von deinem jetzigen Grundgehalt.

HORST Was?? Was ist? *Geht drohend auf den Präsidenten zu.* Ein Viertel!? So könnt ihr mit Horst Kappes nicht – nicht mit mir!

PRÄSIDENT Horst! Hör doch!

HORST *sehr laut* Ein Viertel!? *Noch lauter* Ein Fünftel will ich – oder ich ruf auf der Stelle Alberto in Turin an! *Seine Hand greift wie symbolisch zum Telefon.* Mit

mir nicht, Leute! Nicht mit Horst! Ein Fünftel will ich – oder ihr könnt mich kreuzweise –!
PRÄSIDENT Horst!
HORST Rühr mich nich' an, du!!

```
                    Loy
              Lutz    Höfer
       Weilbächer   Eigenbrodt   Stinka
Kress  Lindner   Feigenspann   Pfaff     Meier
       (Bäumler) (Stein)       (Sztani)  (Pfaff)


       Eintracht Frankfurt 1959/60
```

VORM TOILETTENSPIEGEL 2

Stumme Pantomime analog zur ersten Szene. Harald vor dem Spiegel – später seine Frau.

HARALD *übt, wieder im goldgelben Imponiertrikot, diesmal vor allem eindrucksvolle Posen und Mimiken – solche, die man wieder von H. Schumacher her gut kennt. Er schreitet z. B. heldisch auf den Spiegel zu, reckt den Arm nach vorn und gibt imaginären Spielern Anweisungen. Der Zuschauer muß merken: Alles wird vor allem für die mythossüchtigen TV-Kameras geübt. Stumm streitet er dann armeschwingend mit einem imaginären Gegner bzw. dem Schiedsrichter. Sich unentwegt im Toilettenspiegel kontrollierend, schreit er auf jemand ein, fletscht sogar die Zähne. Sodann verweilt er kurz überlegend. Er zupft an seinem Säcklein – auch dies wie zur Probe und auf Wirksamkeit hin. Er legt, gut sichtbar, das Säcklein von links nach rechts. Prüft im Spiegel. Dann das Säcklein von rechts nach links.*

FRAUENSTIMME *off* Harald! Kaffee!
HARALD *erschrickt, wie ertappt* Wie bitte?
FRAUENSTIMME Kommst du gleich?
HARALD Okayokayokay.
Er tritt diesmal ruhig, wie entschlossen ab.

BAUHERRENMODELL

Spieler Hansi und Otto beim Aufwärmtraining. Zuweilen dribbelnd, dann die Füße sich vertretend, schon im Dress oder noch im Trainingsanzug. In der Kabine oder auf der Aschenbahn. Ab und zu läuft ein dritter Spieler an den beiden vorbei.

OTTO Hast du gelesen? Nachtweih –?
HANSI Was's mit dem?
OTTO Vergleich hat er angemeldet. Ist blank.
HANSI Ach was.
OTTO Leck mich fett, oder? Hättste gedacht?
HANSI Und? Was?
OTTO Bauherrenmodell *lacht* Jahrgang 1981.
HANSI Am Arsch, was?
OTTO Hat damals die ganze Eintracht reingerissen. Körbel, Borchers, sogar Tscha, den Chinesen...
Etwas angezogenes Training.
HANSI Waren die Vorstandsheinis – nich'?
OTTO Nee du, nannte sich »Spieler-Interessenvertretung«. War dieser Unternehmensberater, der Manager, wie hieß der noch mal? – Mast? – Nee, komm nich' mehr drauf, du. Und die ganzen Klugscheißer haben unterschrieben wie nicht richtig – wollten Steuern verstecken und 7b abgrasen – haha! Unheimlich!
HANSI *keucht* Wichser. Eintracht – alles Wichser.
OTTO Auf der anderen Seite ist der Nachtweih jetzt bei Bayern. Ob der Hoeneß das für den jetzt dreht?
HANSI Logo. Ist im Moment sein bester Libero. Und hinten ist Bayern nicht mehr so dicht wie 86/87. Der

hilft dem natürlich aus dem Eimer wieder raus, dem Nachtweih.

Otto Weiß nich'. Das geht dem Uli auch an die Eier. Zinsen, Tilgung, Prozente.

Hansi Ach was, da legt der noch einen 4-Prozenter zu, Disagio glatt, ohne Rücklagen und Defizitbonus – läuft bei Bayern seit Jahren.

Otto Mit Zins und Disagio? Uiuiui ...

Hansi Und dann hat er ihn im Sack. *Etwas unverständlich* Nix in drei Jahren Gran Canaria. Der Uli ist zu clever für den Nachtweih.

Kurze Stehsprints. Keuchen.

Otto Scheiße.

Hansi Was, Scheiße?

Otto Du, daß der erst Scheiße baut, und dann wird er aus der Patsche gezogen. Aus dem Vereinstopf. Dabei – hast du neulich gesehen? – läuft der Norbert nur noch das Nötigste.

Hansi *keucht* Na und? Ist über 30 – da läuft nicht mehr viel. Hast du den Beckenbauer nach 30 noch viel laufen sehen? Eben.

Otto Du, ich sag nix gegen Tscha, ist ein Koreaner, ein Bimbo. Der blickt echt nicht durch, den haben sie pervers reingelegt. Aber der Nachtweih!?

Hansi D-D-R! Da steht Bonn stramm.

Otto Eben. Der ist selber schuld, du. Der CSU-Arsch da neulich, der Fellner, hat völlig recht, du. Die sind nur an unseren Klingeling-Kassen interessiert, du.

Hansi Genau, Mensch.

Otto Gut, der Fellner hat die Juden gemeint. Aber DDR, Juden – hör mir doch auf, kommt aufs gleiche raus, du. Du darfst es ja nicht laut sagen, aber

der Stefan Engels von Köln hat völlig recht: »Heil Hitler«!
Sie setzen zum Schluß-Stehspurt an.

MODELL OELLER

Eine Art vergammelter Pressekonferenz. Hinterm Tisch mit Mikro ein schnieker Agent-Vermittler-Typ. Quasi zur Demonstration hat er zur Pressekonferenz den Spieler Karlheinz mitgebracht. Presseleute nicht zu sehen, aber aus dem Off. Das Ganze ist vag angelehnt an das einigermaßen bekannte Vereins- und Spielerfinanzierungsmodell Ommer/FC Homburg.

AGENT OELLER Aber nein, aber nein, meine Herren *alert-schmierig* Kollegen Journalisten, das Ganze hat weder mit dem sattsam bekannten Frankfurter Bauherrenmodell für Vollprofis zu tun – noch mit den gleichfalls bekannten *anzüglich* Import- oder ich will mal sagen Input-Output-Praktiken des Herrn Ommer aus Homburg – und ich enthalte mich diesbezüglich auch *anzüglichst ironisch* einer Kommentierung oder gar moralischen Wertung – immerhin liegt der deutsche Kolonialismus 70 Jahre zurück. Nein, meine Herren, ich erkläre es Ihnen hier noch einmal ganz langsam. Also, ich habe hier *greift seinen Arm, möglichst jovial* den – zum Exempel – bekannten B-Nationalspieler Karlheinz Wohlgemut. Karlheinz steht bei mir seit Jahren – will mal sagen –: unter Vor-Vertrag. Wir beginnen ja erst. Und er ist zufrieden. Oder – Charly?

KARLHEINZ *etwas daneben* Doch, also ich kenne Herrn Oeller noch von seiner Zeit als – von der Bielefelder Werbeagentur –

OELLER *abschneidend* Vom genannten »System Ommer« unterscheiden wir uns fundamental. Also: Kein trüber Spielerfonds, keine Schleichwerbung, keine

Mätzchen à la im-Abstiegskampf-wäscht-eine-Hand-die-andere à la 1971 oder auch 85. Bei uns wird Charly auch keineswegs wie ein »Objekt« gehandelt, in das Sie, meine Herren, investieren, also praktisch als Kapitaleigner – sondern wir legen als Leasing-Partner à tout prix Wert darauf, daß Charly unabhängig und sportlich-moralisch integer bleibt.

JOURNALISTENSTIMME *off* Zur Sache, Herr Oeller! Das sind bisher doch nur Anspielungen.

OELLER Gut, also unser Modell nochmals in der Steno-Version zum Mitschreiben. Der Investor A investiert bei uns nicht mehr in den Verein B, sondern direkt in Charly, also C. Wird Charly beim FC X zum Beispiel Meister, dann erhöht sich logisch mit seinen Gehaltserhöhungen und Werbeverträgen auch sein Stammwert Y und damit die Rendite für den Kunden. Steigt Charly dagegen mit Club Z ab, dann haftet die Oeller KG, also ich persönlich, für seinen optimalen Verkauf an den Club XY, nämlich nach der europäischen MWA-Kurstabelle – MWA heißt schlicht »Marktwert aktuell«. So daß sichin der Konsequenz Ihre Aktie wieder erhöht. Sie sehen, meine Herren: Ich will saubere Lösungen, ich arbeite nicht mit gezinkten, ich spiele mit total offenen Karten. Meine Trümpfe stechen – ohne jede Schiebung. Denn Gewinner sind wir alle drei: Sie – Charly und auch ich. Das Floating des Markts fangen wir mit höchstens plusminus 3 Prozent fast voll ab. Bei Charly hat das bei seinem Wechsel von Bielefeld nach Karlsruhe optimal geklappt. Prinzip ist klargeworden? Dort der Anbieter, hier der Interessent. Das ist alles. Meine Herren – Ihre Fragen!

JOURNALISTENSTIMME *off* Und Ihre äh, Gewinnmarge, Herr Oeller? Ich meine, was springt für Sie –?

OELLER *eifrig, darauf hat er gewartet* Keine 0,5 Prozent, genaugenommen 0,44 Prozent – das ist das Limit, das der Gesetzgeber erlaubt. Damit bestreite ich total meine Aufwendungen.

2. JOURNALISTENSTIMME *off* Aber Herr Oeller, ich meine, Sie müssen doch – also, um mal gradheraus zu fragen: Sie wollen doch auch verdienen, oder nicht?

OELLER Ich bin Ihnen sogar dankbar, daß Sie danach fragen. Sehen Sie, ich bin einer der Partner von Oeller & Rosemann, wir betreiben seit zwölf Jahren eine Merchandising-Agentur in Frankfurt. Die ist unsere Basis. Das »Modell Oeller«, mal ganz abgesehen von der Abschreibung, arbeitet kostenaufwandsdeckend – der Rest ist *kokett* na, ich will nicht sagen »Idealismus«, ich sag mal lieber: Ich mache das Ganze just for fun!

KARLHEINZ *reichlich deplaciert* Herr Oeller zahlt mich später dann bar auf die Hand aus.

Gelächter unter den Journalisten.

OELLER *etwas in der Enge, aber laut-souverän* Und just for fun heißt: Ich arbeite auf Fun-Basis. Ich will die müde Bundesliga ankurbeln, ich will Dynamik, ich will *übertreibt leicht* der Bundesliga neue Marketing-Dimensionen erschließen und last not least: Ich will Power sehen! Und für die Power muß ich in der Bundesliga erst mal etwas Trouble machen. *Er steigert sich ins Verwegene.* Ich bin kein Troublemaker, aber Sport is Fun. Ich will Feeling! Und um Power zu feelen, brauch' ich just more trouble! Noch Fragen, Gentlemen?

TELEFONSITUATION 2

Die Szene ähnlich wie die zweite des Stücks. Ein Bundesligatorwart, kenntlich etwa durch Plastik-Schirmmützchen, im leichten, evtl. togaartigen Hausanzug. Er lagert auf der Couch oder im Easy-Chair, Füße hoch. Während der Szene könnte ein Kleinkind auf dem Boden wortlos spielen, Dreiradfahren o. ä. Alternative: Eine Blondine im halbdurchsichtigen Sexy-Home-Hosenanzug durchquert während des Telefonats dreimal das Zimmer, gleichfalls wortlos.

Die Szene ist dialogisch ziemlich angelehnt an ein berühmtes authentisches Telefonat aus dem großen Bundesligaskandal 1971.

Zwischen den Brocken jeweils mehr oder weniger lange Pausen. Das Telefonat läuft schon:

MANFRED Und – wie sähe das im Detail aus, Herr Cannelloni? Sie wissen, ich – – – – Ja, ich rede morgen mit Tüfeczi, der macht ja die nächste Saison sowieso wieder in der Türkei. Vorab, Herr Cannelloni, wie verbleiben wir? Totales Stillschweigen auch Bielefeld gegenüber? – – – Nein, nicht zu Jupp, der – – – – Neeneenee, die Fehler von 1971 machen wir nicht noch einmal, neenee. Wir machen hier Nägel mit Köpfen, Herr Cannelloni! Aber genau! – – – Aber echt! – – – Aber unheimlich! Neeneenee, nicht nochmal'n Ball absichtlich durch die Beine trudeln lassen, wie 1971, merkt doch jedes Kind, daß wir das schon mal hatten. – Ja, in Ordnung. *Er gießt aus einer Karaffe Saft nach und knabbert nun an Chips. Gleichzeitig verschränkt er im folgenden immer seltsamer, fast artistisch, Arme und Beine zu den unmöglichsten Stellungen.*

Nein, auch keine verschobenen Sachen wie Deutschland-Österreich 82. – – Aber immer, unser Strickmuster ist maschendicht, ist clever. Richtig. – – – Richtig. – – – Wäre ein Hammer, aber echt. – – Klar. – – – Stillschweigen, absolutes Stillschweigen. Augenblick! *Zum Kind oder zur Frau, die sich zufällig genähert haben* Hau doch mal ab, Mensch! Ich – *Er fuchtelt unverhältnismäßig wild mit den Armen. Wieder ins Telefon* Herr Cannelloni! Wie? Nee, ich hatte hier nur eine kleine – – – Doch. Der Träuber macht mit, und den kleinen Wuffke hab ich auch voll im Sack. – – Nein, mit Wollak möchte ich nicht, der – der macht dann doch nur wieder Zoff im Suff, der ist auch sportlich zu sehr im Keller. – – – Geldübergabe? Reden wir später drüber, macht wahrscheinlich meine Freundin, die ist sauber. – – – Wie? Nein-nein, Cannelloni, nicht 160000, sondern 180000! – – Pro Spiel. – – Und für jeden. – – – Klar, ist ein Risiko immer dabei. – – Richtig: Klar fahr ich lieber in den Süden als in den verdammten Westen, und drum will ich auch, daß der Club drinbleibt und Schalke rausfliegt! Aber – – Ich fahr nicht gern in die Bielefelder Kacke, aber – – – Kohle ist Kohle, Cannelло – – – – Ha! – – Doch, das ist fair. Ein faires Angebot, Herr Cannelloni *lauter werdend* Sie können jetzt nicht mehr aussteigen – – – ja, richtig, ich auch nicht, wir sitzen im gleichen Boot – – –

In diesem Stil geht es offenbar noch ewig weiter – es soll bis zuletzt absolut nicht klarwerden, wer was genau schiebt – und worin eigentlich Manfreds Verbesserungen gegenüber 1971 bestehen.

VERSÖHNUNGSFOTOS

Muffy und Hajo in Staatsgarderobe und von Beginn an in freundlichem Clinch. Ihr Manager als im Bunde der Dritte. Drei Presseleute mit Kameras, Blitzlichtgewitter um die Strahlemänner Muffy und Hajo.
Die Szene assoziiert den bekannten Fall H. Schumacher–O. Thon.

1. PRESSEFOTOGRAF Na küßt euch schon, ihr beiden!
Muffy und Harry grinsen halb verlegen, halb hochgeehrt.
MANAGER *jovial zu den Journalisten* Ihr seht ja mit eigenen Augen, Sportsfreunde, die Sache ist aus der Welt, Muffy Lottermann und unser neuer Torwart Hajo Hörster sind wieder die alten Freunde!
1. PRESSEFOTOGRAF *zum Manager* Können wir also schreiben, Horst, daß nach Ansicht von Hajo Hörster *witzig* nun doch nicht Berthold Schwarz »das Pulver erfunden« hat, sondern doch Muffy?
MANAGER Laß die Witze, Martin –
HAJO *einfallend* Ich hab nie gesagt, daß Muffy »das Pulver nicht erfunden« hat. *Bedrohlich ernst* Das ist eine Verleumdung, eine glatte Lüge! Man hat mich falsch zitiert, schon in Mexiko, da konnt' ich mich nicht wehren, dann hier in der deutschen Presse!
MUFFY Hajo, laß gut sein.
HAJO Es war ein Kesseltreiben gegen mich!!
MANAGER Na, wir wollen hier keine Vergangenheitsbewältigung betreiben, *spaßig* das überlassen wir besser den Grünen und der SPD – sondern Hajo und Muffy spielen seit gestern unter einem Dach,

nämlich bei mir, dem *spaßend* VfL-Horst-Heizer-Bochum, nich'?
2. PRESSEFOTOGRAF Also noch mal: Smilen, Muffy – smilen, Hajo, ja, ja, sehr gut, ja ja –
3. PRESSEFOTOGRAF Umarmt euch nochmals, Kinders!
MUFFY *drückt Hajo nochmals warm die Hand, dann wie einstudiert* Was Vergangenheit war, soll begraben sein. Ich schätze Hajo echt als großartigen Torwart –
3. PRESSEFOTOGRAF Muffy, mehr nach links, ja, lach doch mal!
MUFFY *fest* – und Sportsmann und ich bin sicher, daß er seinem neuen und meinem alten Verein, dem VfL Bochum –
MANAGER *spaßig* Hoch VfL! Hoch!
MUFFY – so manchen wertvollen Punkt *stockt* aus dem Feuer holen wird, indem er *einstudiert* möglichst selten hinter sich greifen und den Ball aus dem Netz holen wird.
MANAGER VfL wird Meister, Freunde!
MUFFY *ungerührt* Ich trage Hajo nichts nach –
2. PRESSEFOTOGRAF Los, nochmals Shakehands!
MUFFY – ich trage ihm nichts nach – er hat sich entschuldigt – damit ist der Fall abgeschlossen für mich. *Stockt* Und Hajo.
HAJO *fällt leider aus der Rolle* Nicht mit mir, Gentlemen! *Zu den Presseleuten* Ich wurde absolut falsch zitiert – und drum *zu Muffy* hab ich mich nicht entschuldigt, ich weise das entschieden zurück, es gab –
MANAGER *mächtig* Ach, Hajo, laß das doch, das bringt doch nichts –

HAJO Was hier passiert, ist Rufmord und –
MANAGER *zusammenraffend* Los, Leute, wir müssen zum Büfett, dort könnt ihr die beiden beim Schnabulieren knipsen!

AKTFOTOS

Wohnzimmer. Fußballer-Familienidyll. Fußballer in Hauskleidung mit Kopfhörer, er nimmt ihn ab und bestarrt seine Frau, die im Hausanzug oder Negligé auf dem Eisbärfell liegt und Modejournale blättert.

GERD *ängstlich-würdevoll* Nadine, kann ich dich – kann ich eine Minute mit dir sprechen? Die Kleine – *äugt nach oben* – schläft doch schon?

NADINE *frech-emanzipiert-wurschtig* Was – ist denn, Schatz? Was ist denn?

GERD Sag mal – *zögerlich* in unserer Branche wird ja allerlei – böses Blut ausgetragen – ich meine, dumm geschwätzt. Aber –

NADINE Was – ist – denn los, Schatz? *Blättert.*

GERD Ist es wahr, was ich von Informanten höre: daß von dir – Aktfotos, äh ... gehandelt werden? Von deiner Zeit als Fotomodell –

NADINE Ach was?? Was du von Informanten hörst. Wohl dein guter Freund Karlheinz! So ein alter Quatsch.

GERD *bitter* Gibt es sie – oder gibt es sie nicht?

NADINE *legt Illustrierte weg.* Na und? Und wenn!

GERD *steht auf* Nadine, ich warne dich! Treib es nicht zu weit! Gibt es? Und wenn, wer hat sie?

NADINE *steht auch auf, angriffslustig* Wer hat sie, wer hat sie? Tausend Agenturen haben sie! *Sie zeigt ihr Bein.* Mein Schatz, ich –

GERD *bitterst* Nadine!

NADINE Aktfotos! Mein Dummi. Na und? Und wer sie hat? Warum gibt's eigentlich von dir keine Aktfotos in »Tempo«? *Berührt ihn ironisch-balzend.*

GERD *durcheinander, sie abschüttelnd* Ich verlange von dir, daß du *pathetisch* ernst bleibst! Warum, wieso hast du mir das bis heute verschwiegen??

NADINE *wieder mehr aggressiv* Waswaswas »verschwiegen«?? Aktfotos! Gefallen sie dir nicht??

GERD Nadine, ich verlange –

NADINE Die Aktfotos?

GERD Ich verlange von dir Aufklärung!

NADINE *rückt ihm bedrohlich näher.* Spinnst du eigentlich total?

GERD Ich kann mir das in meiner Position nicht leisten!!!

NADINE *gickert* Als linker Verteidiger? *Konzilianter* Entschuldige, Schatz, ich wollte dich nicht – aber hör mal, selbst im stockkatholischen Spanien hat das dem Dingsbums – dem Schuster sogar rummelmäßig genützt, daß seine Dingens, diese Sonja oder Gabi, sich nackt hat fotografieren lassen. Und dem Rolf in Rom, daß sein Flittchen splitternackt im »Playboy« rumgelegen hat. Und mit ganz anderen Kameraeinstellungen als das harmlose Zeugs von mir!

GERD *melodramatisch sich von ihr abwendend wie Don Ottavio* Spanien – Rom! Hier leben wir aber in – Bayer Uerdingen! Und mein Vertrag steht auf der Kippe! Die suchen doch nur einen Vorwand, Mensch!

NADINE Ach was ...

GERD *nochmals zulegend* Mit Aktfotos bin ich erpreßbar!!! Wegen deiner Aktfotos – die du mir verschwiegen hast! – kann ich nächstens in der Landesliga Nordwest spielen! Nadine, ich warne dich!!

Er merkt offenbar selbst, daß er sich vertan hat. Starrt vor sich hin. Nadine nähert sich ihm zärtlichst, nicht ohne Wärme.

NADINE Süßer, komm mit nach oben – willst du nicht lebendige – Aktfotos – –?

GERD *komisch-verzweifelt-dankbar* Oh, Nadine...

Maier
Vogts Schwarzenbeck Beckenbauer Breitner
Bonhof   Hoeneß   Overath
Grabowski Müller Hölzenbein

Deutschland Weltmeister 1974

VATER UND SOHN

Spieler Hansi im Wohnzimmersessel studiert – na was denn? – wieder mal den gut erkennbaren »Kicker«. Sein halbwüchsiger Sohn (dargestellt ggf. von einem erwachsenen Schauspieler) macht am Tisch scheint's Hausaufgaben. -Bzw. lernt. Er lernt – Italienisch. Später sein Freund.

Sohn *halblaut* Uno – due – tre – quattro. Uno – due – quattro – due – du, Pappi!

Vater *knurrt unverständlich.*

Sohn Mio Padre!

Vater Ja, was –?

Sohn Pappi, äh: Padre, was heißt eigentlich – Elfmeter auf italienisch?

Vater Elfmeter? Uno – due – Augenblick. *Er holt etwas Langenscheidtartiges aus der Brusttasche. Blättert, sucht.* Augenblickchen.

Sohn *ungeduldig, wartet keine Antwort ab* Padre heißt »Vater«, aber gebräuchlicher ist »Bappino« – sagt Kai, dem sein Vater hat mal kurz in, wart mal: – Bergamo gekickt. Hör mal, Pappi –

Vater *hat gefunden, mühsam* Calcio di rigore – heißt Elfmeter.

Sohn Hör zu, Paps, wenn wir in Rom sind –

Vater – eigentlich logisch: Calcio heißt Fußball – und rigore heißt –

Sohn Wenn wir in Rom sind, spielst du da –

Vater Rigore könnte von »rigoros« kommen, also »unbedingt«, also wenn einer unbedingt ein Tor verhindern muß – klaro!

Sohn *läßt nicht nach* Wenn wir in Rom sind, spielst du da für den Vatikan oder gegen Vatikan?

VATER Vatikan? Quatsch. Ich geh zu AC Rom!
SOHN *steht auf, geht zum Vater, hockt sich auf die Sessellehne.* Und was ist mit Vatikan?
VATER *verärgert wegen der ständigen Störungen, versucht krampfhaft im »Kicker« weiterzulesen.* Vatikanvatikan – was soll das?
SOHN *nimmt »Kicker« weg.* Komm, vergiß den Quatsch mit Lattek und Hoeneß – da bist du doch jetzt praktisch raus.
VATER *versucht »Kicker« wieder zu schnappen.* He, was soll das? Der Vatikan ist doch – der Papst und –
SOHN Nämlich der Dirk hat gesagt, daß wenn du also für den Vatikan spielst, wirst du vom Papst heiliggesprochen, und wer gegen den Vatikan spielt, steigt ab. In die Hölle, sagt der Dirk. So ein Quatsch, oder?
VATER Unfug! Und jetzt lern Italienisch, und stör mich nicht ständig! Ich hab zu tun, du siehst doch! Komm – weg hier!
Der Sohn geht zum Lerntisch zurück.
SOHN Oje. Uno – due – sei – otto – nove – du, Hansi?
VATER Du sollst nicht Hansi sagen, hörst du! Für dich immer noch »Pappi«!
SOHN Du, Pappi, weißt du, was der Dirk, der Arsch, noch gesagt hat? Daß wenn du beim Vatikan spielst, wirst du also unfehlbar beim Elfer, also: Calcio di rigore. Und die tragen statt dem Trikot eine Kutte mit nix drunter, und dann kriegst du so eine, so eine – Tonsur, eine Glatze für den Kopfball, und ihr spielt immer auf dem Petersplatz, und dann –
VATER *springt auf.* Das ist ja nicht zum Aushalten!
SOHN *kuscht* Cinque – sei – sette – otto – nove – *er zählt murmelnd lange und korrekt.*

VATER *blättert eifrig, fast hektisch im »Kicker«, murmelt* Verdammt, was für einen Tabellenplatz hat eigentlich dieser Inter Vatikan und – Sakrament! Spinn ich echt schon?!
Der gleichaltrige Freund platzt herein.
FREUND Hey, Detlev, wow, kommst mit ins »Alabama« – riesige Rocktruppe – hey, Abend, Hansi, na?
VATER *schwer vergrätzt* Du sollst nicht »Hansi« sagen! *Zum Sohn* Und du erst recht nicht!
SOHN *schon sprungbereit* Darf ich, Papps?
VATER *unwirsch* Jajajajaja!
Beide holterdiepolter ab.
FREUND *im Weglaufen* Tschau, Hansi!
VATER *winkt hilflos ab. Blättert im »Kicker«. Greift dann wieder zum Lexikon. Blättert.* Was hat er gesagt nochmal? »Tonsur«? Quatsch. *Blättert weiter.* Kopfball. Gleich Kopfstoß. Ah: Colpo di testa. – Colpo di testa. – Colpo di testa.
Unwillkürlich macht er eine Kopfballbewegung.

EIN ANRUF WIRD ERWARTET

Vier bis fünf Personen, im Wohnzimmer, säuberlich um den Couchtisch. Der Spieler Seppi, sitzt im Sessel, zentral; seine Frau Helga, die sich immer wieder dekorativ an ihn schmiegt, obwohl er sie immer wieder widerwillig abschüttelt, um freie Hand fürs Telefon zu haben, das vor ihm steht. Zwei Freunde gruppieren sich um beide, ungeduldig wartend, rauchend, Kaffee trinkend, versuchsweise zur Zeitung greifend.
Eine Frau Martina – Ehefrau eines der Freunde – kommt mit der Kaffeekanne rein.

MARTINA Ich – wo soll –?

DIE ANDEREN VIER *unnatürlich durcheinander zischelnd* Psst! Ganz ruhig! Laß doch sein. *Um erschrocken das eigene Zischeln zu stoppen* Ruhe mal!

MARTINA Ich wollte doch nur – frischen Kaffee – –

DIE ANDEREN VIER *aufgeregt* Jaja. Ist gut. Laß gut sein, Martina! *Einer deutet aufs Telefon.* Psst!!

MARTINA Hat schon – hat schon wer angerufen?

HELGA *wichtig* Pssst! Nein. Ich weiß auch nicht. Vor zwei Jahren ging's schneller *zu Seppi* – oder? Mensch, wenn ihr nur nicht so furchtbar rauchen – meine Gardinen. Seppi, du mußt –

SEPPI Gschsch! *Legt automatisch Finger an den Mund* Herrschaft! Du hast vielleicht Sorgen! Was soll das! Sei endlich still *eventuell »staad«* – weil: jeden Moment kann wer aus Turin anrufen. Oder aus Barcelona. Sakradie, warum rührt sich –

Es klingelt. Alle schrecken auf. Ein rasch erstarrtes Durcheinander. Seppi packt den Telefonhörer, reißt ihn hoch ans Ohr.

SEPPI Jaaah?
Es klingelt nochmals. Seppi rafft's als erster, schmettert den Hörer in die Gabel. Springt auf, setzt sich wieder.
SEPPI Es schellt! Schellen tut's! Herrschaftseiten, hört denn niemand was von euch Pfeifen? *Zu Helga* Draußen schellt jemand!
HELGA *macht sich los* Geh ja schon! *Sie eilt nach draußen. Türenöffnen. Ihre Stimme off, halblaut und aufgeregt* Siggi! Du bist es! Grüß dich. Ja. Ja. Nein, noch nicht. Komm rein, schnell!
Helga und Siggi – mit Tirolerhut o. ä. vorstadtplayboyhaften Insignien – kommen rein.
MARTINA Ah, der Siggi! Grüß dich nacha!
SIGGI *lärmig, aber gleich wird er niedergezischelt* Hey, Folks! Alles klar? Und? Was ist? Hasta la vista – ici Real Madrido, ha? Noch kein Anruf, noch kein Zeichen? Ich denk, die Transfer-Checkliste ist seit einer halben Stunde raus?! Tschuldigung, hey, ich wollt' ja nur – ah: Psst! Compris. Ja, ich will nicht stören und –
SEPPI Jetzt setz dich schon hin und gib eine –
MARTINA *flüsternd* Kaffee?
SIGGI *leise* Ja, schieb einen rüber. Psst...
Er setzt sich tuschelnd zu den anderen. Erhält Kaffee und Zigaretten hingeschoben. Gemurmel. Alles lauert, wartet...
SEPPI Menschmensch...
Jetzt hört man eine Stecknadel fallen. Eine halbe Minute vergeht. – Das Telefon klingelt. Erstarrung.
HELGA Es schellt! Langt einer –
SEPPI *packt irgendwie pantherhaft den Hörer.* Ja??
Vollkommene Stille. Erstaunlicherweise schlägt Siggi wie benommen beide Hände vors Gesicht.

SEPPI *nach kurzem Hören, unwirsch* Egon, Mann – bist du wahnsinnig!? Jetzt anrufen?! Du blockierst die – nein, nein. Es hat noch keiner angerufen. Aber jeden Augenblick kann ein Anruf – – verschwinde aus der Leitung. Ja. – Nein. Ja – raus jetzt. Ja meinetwegen morgen. Ja, tschüßchen.
Er legt zornig den Hörer auf.
SEPPI So eine Arschgeige aus Freilassing! Ruft der mitten in den Transfer –
HELGA Darling, tu dich nicht aufre–
MARTINA Noch Kaffee, Seppi?
SEPPI Bier wär' jetzt recht, Menschmensch...
Warten knisternd. Rauchen. Zeitungsrascheln.
SIGGI Könnt' nicht, was man so liest, Real noch einen Linksaußen brauchen?
ERICH Die Zeiten vom Gento sind ein für allemal vorbei, mei...
MARTINA Gento?
ERICH *etwas lauter* Bester Linksaußen aller Zeiten.
SIGGI Rom hat schon zwei Ausländer, oder?
ERICH Firenze wär' auch nicht schlecht, wennst mich fragst.
SEPPI So seid's doch einmal still!
HELGA Das kann man doch verlangen! *Schmiegt sich wieder energischer, wird abgeschüttelt, schmiegt wieder.*
Lautlosigkeit.
SEPPI *unterbricht selber, zur Kaffeefrau* Martina, hör zu, wenn der Italiener anruft – du kannst doch Italienisch, sagst du?
MARTINA Ja, einiger – einigermaßen.
SEPPI Ja, ich sag dann zu ihm »Momento« – und du ver-

handelst mit ihm, gell!? Denk dran: 1. Ablöse, 2. Transfer, also Übersiedlung, 3. Villa. Was heißt »Ablöse« auf italienisch?

MARTINA Dochdoch, Seppi, ist doch alles besprochen, ich –

HELGA Eben, der Seppi –

Seppi will wegen irgendwas aufbegehren.

MARTINA Jaja, Seppi, tu dich beruhigen. 5 Millionen als Minimum. Hättest halt doch einen Agenten genommen, wennst mir nicht trauen tust und – das Wort »Ablöse« – naja »separazione« ist mehr im politischen Sinn, aber –

Das Telefon klingelt.

SEPPI *zu Martina* Geh du gleich hin!

MARTINA *Hörer abnehmend* Ja? – Pronto Secretario di Giuseppe Kunstwadl, Monaco. – – Häh? Chi? Was ist? Schneckenberger? Ici non è Schneckenberger. – Falsch verbunden. – Qui Secretario della Kunstwadl – nicht Schneckenberger. – Mensch, verpiß dich bloß aus der Leitung, he!

Martina legt zornig auf, Siggi ringt melodramatisch die Hände – sofort klingelt das Telefon wieder. Jetzt geht entschlossen Seppi selber ran.

SEPPI Giuseppe – – Wer? – – »Agentur Top Ten«?!

SIGGI *dazwischen leise* Omeiomei...

SEPPI Also, Sie wollen – meine Vertretung übernehmen? – – Für die Transferabwicklungen? *Geziert hochdeutsch* Nein, danke. Kein Bedarf. – – Vielen Dank, ich verhandle selber. – – No comment. – – Was? Ich werd sehen? Die Spaghettis mich übern Tisch ziehen?? Passen S' *wieder süddeutsch* nur recht auf, daß ich Sie nicht übern Tisch – – das ist meine

Affaire, äh: Angelegenheit! Jawohl, Schluß, Ex, Ende!
Er schmettert die Gabel auf den Hörer.
SEPPI *nachkartend* »Agentur Top Ten« – ja, ein Backsteinkas! Solche Knaller!
HELGA Hört sich aber nicht schlecht an, Seppi –
SEPPI Schafskas!
SIGGI *Zigarre anzündend, kalmierend* Du, hör zu, Seppi, vor der Härte von den Spaniern hast keine Angst?
ERICH *bereitet einen Witz vor* Genau, mir wollt' neulich einer in der Müller-Sauna erzählen, also der behauptet doch glatt, in Barcelona ist der Strafraum von Terroristen vermint!
SIGGI *schlägt sich dankbar auf die Schenkel.* Ha! Der is gut!
Gereiztes Kichern lohnt diesen Unterhaltungsversuch.
HELGA Und mir stehn mindestens zwei Leibwächter in Spanien zu, Schatz, vergiß das nicht –
SEPPI *laut* Aufhören! *Rauft sich die Haare.*
SIGGI Also, hören wir halt auf damit.
Schweigen, Warten, Kaffeetrinken.
ERICH Du, die lassen dich aber ganz schön schmoren diesmal. Ganz schön schmoren lassen dich die, die Spaghettis...
SEPPI *springt auf, geht um den Tisch.* Damned! Wenn die glauben, sie kriegen mich sooo klein – nix, ich kann warten. *Ins Imaginäre* Ich kann warten, meine Herren! Warten! Die wissen genau, daß sie's mit einem Profi zu tun haben. Cool bleiben, Helga. *Er muß wieder Helga abschütteln.*
ERICH *nicht ohne Ranküne* Also, der Wutzke, der ist letzte Woche noch weggegangen wie nix.

Siggi Eben. Wie warme Semmeln. Ich weiß gar –
Erich – innerhalb von einer halben Stunde war Marseille am Apparat – was ist?
Bewegung. Zischen. »Psst« der Frauen. Bewegung im Flur. Stimme aus dem Off: »Hallihalloh – Niemand da?« Ein neuer Gast betritt kraftvoll die Szene.
Mehrere Stimmen Ah, der Heribert! Wo – was –?
Heribert *schwenkt die Zeitung, es entsteht langsam eine Art Panik.* Ah hallo! Ah – »Giuseppe Kunstwadl am Telefon« – die Tür war auf. Hier: *Er deutet triumphierend auf die Zeitung* Hier steht schon alles! Seppi – meine Gratulation!
Helga Was ist – Spanien?
Siggi Mich leckst im Arsch, he!
Heribert Na, das ging ja flott – wie beim Sommerschlußverkauf! Gratulieregratuliere. Seppi –
Seppi Wer? Was steht denn da? Ha?
Heribert Tja, dein alter Präsident Stäuber, der vergißt dich nicht. Für 110000 Mark hat er Josef Kunstwadl nach Bremerhaven verkauft! Herzlichen Glückwunsch auch!
Der Rest geht in stürmischer Szene unter. Aufspringen, Zischen, Wortfetzen. »Bremen?« »Nein, nicht Bremen, Bremerhaven«, »Sauerei«, »Steigt in die Zweite Liga auf«. Alles drängelt sich an Heribert und seine Zeitung.
Vorne auf dem Tisch klingelt das Telefon. Keiner geht ran.

TREPPENHAUSKLATSCH

Der Spieler Olaf Alof im Badezimmer. Draußen – evtl. unsichtbar – ein Dialog zweier Frauen, eine ist Olafs Ehefrau, sie kommt später ins Badezimmer.

OLAF *rasiert sich, pfeift, singt dann auf eine beliebige Melodie* Ja-wo-bleibt-mein-Schatz-denn-bloß, Schatz-denn-bloß, Schatz-denn-bloß *gesprochen* ja, wo ist sie bloß –?

Draußen im Treppenhaus Stimmen. Olafs Frau und die Nachbarin, eine alte Tratschtante, Olaf hält die Hand ans Ohr – und winkt ab.

OLAF O nein!

OLAFS FRAU *off* Nein, ich sag Ihnen doch: Er geht nicht nach Barcelona, mein Mann, er –

NACHBARIN *kräftige hesselnde Stimme* Doch, ich hab's aber so gelesen! Ablösesumme umgerechnet 4 Millionen – also meine Gratulation! Naja, also mein Mann sagt ja, da hätt' er noch besser abzocken können, da wär noch mehr drin gewesen – aber ihne ihr Präsident, der ist da nicht hart genug, sag ich immer, Handgeld nur 100 000 – dafür geht doch keiner mehr nach Bremerhaven. Und Barcelona erst!

OLAFS FRAU Frau Niewiera, ich – mein Mann schläft noch –

NACHBARIN Was ich Sie fragen wollt', Frau Alof, e schönes Logies haben Sie doch schon, oder? E Villa? Na, das glaub ich. In Spanien ist er ja ein Fußballgott, Ihr Olaf, Frau Alof, da sponsort doch alles die Industrie. Ja – und die Freigabe für Länderspiele? Passen Se da jaaa auf – *gesprochen evtl.* »uff« – Sie! Auch bei de Siegesprämie und Topschläge falsch: Topzuschläge. Denn Barcelona will nächste Saison unbedingt Meister machen – weil ja dreimal hintereinander Real den Meister gestellt hat. Und es wird Ihnen doch Dienerschaft gestellt, oder? Ja, ich hab auch zu mei'm Mann gesagt: Des ist schon a sozialer Aufstieg für ein' Newcomer. Naja, ich will Ihnen eins sagen, Frau Alof: Da gehören Sie jetzt zu den feineren Leut', und unsereins kann sehen, wo's bleibt, jaa.

OLAF *lauscht immer gebannter und reglos.* Du alte Ziege, du Gurke, du –

NACHBARIN Naja, da kennt man dann unsereins nicht mehr vor lauter Handgeld und noble Dienerschaft. Na nix für ungut, Frau Alof, ich will Sie nicht aufhalten – Sie müssen – Sie haben jetzt sicher viel zu tun mit dem Aufstieg – ja, wenn der Präsident, der Vereinspräsident pfeift und die hohen Sponsoren, dann muß er halt rennen, Ihr Herr Gemahl, jeder hat auch sein Päcklein zu tragen – Dienerschaft hin, Dienerschaft her, die Mauren sind ja ganz gute, ehrliche Diener, Sie werden es schon rechtzeitig sehen und –

OLAFS FRAU Frau Niewiera, mein Mann wartet aufs Frühstück, er – Wiedersehen! –

NACHBARIN – man muß sich ja informieren heute. Sie, Frau – ja, rennen Sie nur weg, meint wunders schon, sie wär' wunders was. Dabei spielt er nur Mittelfeld, da wo man sich gut verstecken kann. Mein Mann hat immer Spitze gespielt – *ihr Plappern verklingt langsam* – gut, nicht in Barcelona, auch nicht bei der Eintracht, aber in Niedereschbach, aber heutzutag' – also, Wiedersehen, Frau – –

Olaf hat die Tür aufgemacht, seine Frau mit Einkaufstasche kommt schnaufend rein.

OLAF Gabriele! Wie oft hab ich dir schon gesagt, du sollst dich nicht mehr mit der Niewiera, der alten Hexe einlassen!

OLAFS FRAU Was, ich hab mich? Was hab ich –?

OLAF Woher weiß die denn schon wieder, daß ich nach Barcelona geh??

OLAFS FRAU Na, aus der Zeitung, sagt sie!

OLAF *emphatisch* Nein! Das steht noch nicht in der Zeitung! Net im »Kicker«, net in der »Rundschau«, net in der FAZ, net einmal in der »Bild«-Zeitung! Und mein Trainer weiß es auch noch net! Aber wenn's morgen in der »Bild«-Zeitung steht, dann – dann weiß ich auch, wo diese Person ihren neuen Videofernseher her hat!! Jawohl!!

LAMPENFIEBER

Biertisch in einem möglichst folkloristischen Saufauslokal. Späte Stunde. Hansi und Rudi in einem etwas derangierten Zustand, Biere vor sich auf dem Tisch. Später ihr Trainer, evtl. in Trainingskluft.
HANSI Los, Rudi, sauf di zamm, mir müssen morgen spielen!
RUDI Wos? Ah, Hansi, du bist es. Prost!
HANSI He, los, sauf di zamm, he! Morgen müssen mir spielen! *Drängender* Los!
Rudi trinkt und zündet fahrig-bedächtig eine Zigarette an. Überlegt.
RUDI Ah wos. I muaß morgen überhaupt nicht spielen. *Beschaulich* Nie. Nie nicht!
HANSI Jawohl! Gegen Waldhof!
RUDI *wie lauschend* Waldhof? Waldhof. Wenn ich das schon höre. He, Kellnerin! Ein Bier!
HANSI Des hat doch kein' Wert, Rudi, wir müssen doch morgen fit sein!
RUDI Gegen Waldhof? Muß ich überhaupt nicht fit sein. Außerdem und im übrigen – spiele ich morgen kaum. Oder gar nicht.
HANSI Jetz' red nicht so –
RUDI *schwenkt um, schon sehr lallig* Jawohl, Hansi, du bist mein Linksaußen, ich, Rudi, bin dein – persönlicher Mittelstürmer, dein so-ge-nann-ter Sturmtank. Ich spiele dich frei in den weiten linken – *überlegt* – Raum oder Freiraum hinein, du umspielst den Mann und flankst – und ich drücke ihn hinein. Mit dem Kopf oder – notfalls Knie drück ich ihn pfeilgrad hinein. Jawohl, Hansi, *sieht gut betrunken Hansi*

ins Auge, ich liebe dich. Hansi, dein Sturmtank liebt dich.

HANSI Geh, Rudi, sei doch g'scheit – Waldhof! Morgen! Und übrigens – der Trainer, der Napoleon, der macht neuerdings Strip-Kontrollen, äh, Stippvisiten in alle Nachtlokale und Lokale, der –

RUDI *aufblickend tranig* Strippvisiten?

HANSI Stippvisiten! Steht in der »Abendzeitung«.

RUDI Hansi, ich liebe dich. Ich möchte dich – *ingeniös* – umgurren und umschnurren, umarmen und erbarmen, umflirren und umsirren – jawohl! Mit einem Straps möchte ich dich umstrippen!

HANSI Rudi! – –

RUDI Was sagst du, Hansi? Was – hast du deinem Sturmtank zu sagen?

HANSI Rudi!

RUDI Am Arsch. *Kleine Pause.*

HANSI *besorgter und noch sorgender* Los, Rudi, auf! Heim! Taxi! Ich zahle! Morgen! Waldhof!

RUDI *wie sich lauschend* Ich muß morgen nicht spielen. Ich muß überhaupt nicht, ich muß nie nicht spielen. *Ins Leere* Kellnerin! Und gegen Waldhof – schon gleich gar nicht. Waldheim. Waldhof. Waldheim? Blöde Sau. Es lebe das Großdeutsche Reich! *Kraftvoll* Hoch! Nieder mit Strauß! Nie –

HANSI Jetzt komm halt schon, Rudi, mir müssen – ah –

Der Trainer »Napoleon« stürzt herein.

NAPOLEON *gestelzt-laut-dümmlich* Ja, was seh ich da? Ja seid ihr denn wahnsinnig! Und morgen? Gegen SV Waldhof Mannheim? *Greift sich Bierdeckel.* Und jeder 7 Bierstriche? Und 4 Schnäpse!? Um Gotteswillen! Und ihr wollt Vertragsspieler sein? Ich sperre

euch lebenslang! Und nun hopp! Aufauf! Heim! Zahlen! Hoch! Anstoß 15 Uhr! Aber schleunigst! Dalli! *Er rennt weg.*
HANSI *sich erhebend, jämmerlich* Siehst, Rudi, ich hab's dir ja gesagt, mir müssen morgen spielen!
RUDI *bleibt sitzen, sinnt* Ach was, ich muß morgen überhaupt – nicht – spielen – –

> Maier
> Vogts Beckenbauer Weber Schnellinger
>   Haller   F. Walter
> Rahn   Müller   Seeler   Schäfer
>
> *Beste Mannschaft, die Deutschland je hatte. Nach O. Zirngiebl*

EIN KOMPLOTT – TELEFONSITUATION 3

Nationalspieler Bernd in seinem Wohnzimmer am Telefonieren. Evtl. ist wieder ein Kleinkind am Dreiradfahren. Bernd mit Telefon im Zimmer herumgehend.

BERND Shut up, Bodo, nein, ich bin kein Troublemaker, aber ich brauch dich, du mußt absolut mitmachen. – – – Nein, ein Risiko ist für dich absolut nicht drin, also wenn du clever bist, machst du mit. – – – Aber nein, hör zu, ich erklär dir's ganz langsam noch einmal. Der Herr Bundestrainer – ab sofort Codewort »Pißfliege« – wird sich in die Hose machen vor Wut, der hat doch absolut keine Chance gegen uns, solang wir knallhart dichthalten. Gut, hör zu: der Gerd, der Paul und der Felix, die sind eh weg vom Fenster, die haben schon absolut im Juni ihren Rücktritt erklärt. Augenblick, Bodo, ich mach nur das Fenster zu.

Er macht das Fenster zu, steigt dabei ggf. über das Kleinkind und zieht seinen Pullover aus.

Bodo? Alles klar. Drei Mann sind zurückgetreten. Franz aber will ein neues Team aufbauen – dazu braucht er uns, die alten Leistungsträger. Was will er denn mit Falke und Thon und wie die Pisser alle heißen! Sind doch Kinder! Jetzt hör gut zu, Bodo! – in diesem Augenblick – wenn wir also als A-Block zusammenstehen, also ich, du, Lothar und Rahn von Gladbach, dann ist der Franz erpreßbar, wir können ihm also jederzeit mit Rücktritt drohen. – – – – Wer? Ach was, das sind doch Wasserträger, sind doch Parasiten, die haben doch null internationale Erfahrung,

diese Kinder lesen doch nur »Werner« und »Bild«-Zeitung. Und Fanpost den ganzen Tag. – – Wie? Ja, klar, Klaus in Marseille und Rudi in Rom check ich noch ab, hak ich noch nach, die ruf ich dann sofort an – und dann sieht's nämlich so aus: Wenn wir als A-Block stark sind gegen dem Franz seine B-Leute, dann wird er absolut erpreßbar, der Kaiser Franz! Und dann handeln wir ihm die Dinger ab. Als da wären: a) Mitsprache bei der Aufstellung. b) Neuberger muß weg als Essential. c) Mehr Kohle, und zwar erheblich mehr, und viertens die Zusicherung, daß wir 1990 noch dabei sind, und zwar notariell, ansonsten wir ihn regreßpflichtig machen, hörst du? Augenblickchen, ich hol mir nur eine Lulle.
Er beginnt nach Zigaretten zu suchen, immer hektischer und – je nach Talent des Mimen – mit gleichsam choreografischen Einlagen. Endlich findet er, steckt eilig an, bläst wie wild Rauch von sich und eilt zum Telefon zurück.
Tschuldige, Bodo, wo waren wir? Gut. Hör zu, Franz, äh, Bodo, von Jürgen, Lothar und von Rahn hab ich schon das mündliche Yes-Sir. Ja, dann von dir, mir und Rüdiger kommt es. Wären wir schon neun. Das hält Franz nicht durch. – – – Lattek? Lattek und Litti? – – Ah, Litti und Lattek! Ach was!? Leck mich fett! – – Gut, das könnte dann im besten Fall für Franz diese Aufstellung geben: Uli – Auge – Pflügler – Ralf – Falke – Klaus – Criens – Uwe Rahn – Rudi und Wuttke. Die Aufstellung, die ich mit euch durchdrücken möchte, wäre: Bodo – ich – Kohler – Lothar – dann im Mittelfeld – – ach, Mensch, Scheiße, da kommt meine Alte heim, die ahnt

irgendwie was, die steht auf Franz – du, ich *hektisch* ruf dich heute abend nach 23 Uhr nochmals an, ja absolut, tschau, Bodo, und top secret, absolut! *Legt schnell auf, ruft nach draußen* Darling?

TRAININGSLAGERNOTSTAND

Dunkel, Mondschein, Mitternacht. Vier Spieler in Trainingsanzügen vor etwas Mauerartigem. Offenbar wollen sie drüber. Fernes Hundegebell.

UWE *teenagerhaft aufgeregt* Kenn dich wieder, Habby! Los, rauf und drüber! Menschmannmeier.

HERBERT *zögerlich* Ja, du, ich – ich mein –

UWE Mensch, 200 Meter links vorn am Parkplatz, da wartet der Uli im Caravan – in 40 Minuten sind wir in Hamburg. Mensch, Mann! Didi, Crocker – sagt ihr's ihm!

CROCKER Herbert, Mensch!

DIETER Is' echt gut gegen Trainingskoller! Jeder eine Nummer, und dann zocken wir einen aus. Im »Caballero« –

UWE Kenn ich!

DIETER – oder im »Alsterpavillon«, he! Also, tu mit rüber! Bring es!

HERBERT *kindlich steif* Mensch, du, ich weiß nicht – der Franz ist eh sauer, weil ich in der »Nachtausgabe« was gesagt hab wegen –

UWE Vergiß es! Der Franz redet doch selber in der Zeitung den letzten Kack zusammen!

DIETER Und im Fernsehen!

HERBERT Du, der ist auch Trainer, der darf das. Aber ich steh im Mittelfeld auf der Kippe.

CROCKER Und außerdem – was war denn 74, eh?

DIETER Genau!

CROCKER Wer ist denn da nachts aus Malente weg und hat am Plöner See im »Whisky à gogo« die Helga Brüll umgelegt? Wer??

HERBERT *naiv* Wer dann?
CROCKER Der Franz! Und wer ist 74 Weltmeister geworden? Genau, auch der Franz!
DIETER Na also!
HERBERT Mit der Helga Brüll? Ihr lügt!
DIETER *flott* War damals ein offenes Geheimnis. Und der Franz war damals Spielführer!
HERBERT *ängstlich* Glaub ich nicht, der –
DIETER *packt ihn spielerisch.* Hoch! Du steigst auf meine Schulter und ziehst mich dann –
HERBERT Und wenn's dann – in der Zeitung steht?
CROCKER Hör zu, Herbert – Dieter, laß das! Uwe, du bist Zeuge: Ich will dich mal eins fragen, Herbert: Warum, glaubst du, ist der Franz 74 Weltmeister geworden? Na? Und? Mein Kleiner? Weil er jeden Tag voll abgespritzt hat. Sagt dir heute jeder aufgeklärte Sportmediziner. Nur der DFB spreizt sich noch offiziell. Beckenbauer wußte genau, was er tat: Zuerst die Brüll – dann im Zimmer noch die Gabi.
Fernes Hundegebell.
HERBERT *verwirrt* Gabi Seiffert?
CROCKER Quatsch, Gabi, die Nichte von Neuberger. Und Gegenfrage, Herbert: Wer hat den Elfer in der ersten Minute gegen Holland verschuldet? Wer?
HERBERT *denkt nach* Der – Hoeneß!
CROCKER Genau, der Uli. Weil er damals sauber bleiben wollte, weil er erst kurz verheiratet war.
UWE *keß* Und natürlich hat er sich trotzdem jeden Tag drei runtergeholt – erzählt jedenfalls der Sepp Müller.
CROCKER *Herbert naherückend* So ist es. Weil, das geht an die Psyche, Herbert. Los, Herbert! Profis spritzen heute auch vor dem Entscheidungsstreß voll in

Weiber ab, das schwört dir jeder Profi und Sportmediziner. Also los, Herbert, wir heben dich zu zweit!

HERBERT Und wenn dann das ganze Scheinwerferlicht auf uns drauffällt? Oder so ein Zeitungsreporter wartet schon draußen hinter der Mauer??

DIETER Hau ruck, hau ruck!

Alle greifen Herbert. Extremitäten- und Stimmengewürge. Dazu fernes Hundegebell. Plötzlich fällt tatsächlich grelles Scheinwerferlicht auf die Vierergruppe.

CROCKER Scheiße, Mensch.

DIETER O leck Arsch.

UWE Ich hab's gewußt.

HERBERT *jämmerlich* Verpfeift's mich nicht, verpfeift's mich nicht!

MINIPARTY

Zwei Fußballer-Ehepaare rund ums Wohnzimmertischchen – ggf. wird eine der Frauen von einem Schauspieler dargeboten.
Sektgläser auf dem Tischchen, Flasche noch geschlossen. Requisiten von großkotziger Kleinkariertheit und Neo-Spießigkeit, etwa eine besonders neuartig-häßliche Zimmeruhr. Die zwei Männer in irgendwelchem aktuellem Freizeit-Look führen rücksichtslos quatschend Regie. Die Frauen knabbern Chips. Eine der Frauen könnte im überzogen sexy Fetzen (Hausanzug) herumlagern, die andere unangemessen abendkleidlich oder besonders bieder.

BOTHOS FRAU *hält Botho Chips hin.* Schatz, versuch mal!

BOTHO *geht nicht drauf ein, zu Thomas* Mensch, was will er denn, der Udo? Uns 4–2–4 und Raumdeckung einbleuen!? Hab ich schon bei Klötzer gelernt und dann Lorant! Und da müßte doch der Udo gesehen haben, daß es nicht geht. Das war damals noch bei Bayern. O Udo!

THOMAS Der Arsch.

BOTHO Diese Kälte, dieses manchmal Tierische an dem! Wichser! Ganz kleiner Wichser!

Die Ehefrauen kichern, die sexy Frau schlägt die Beine auffallend neu übereinander.

THOMASENS FRAU *zu Bothos Frau* Sehr lecker! *Sie meint die Fressalien.* Wirklich.

BOTHO *nachhakend* Ein riesengroßer Wichser! Und ein Windhund! Echt! Affenartig!

THOMAS *raucht generös.* Botho, hör zu, laß dich doch nicht anmachen, *verbessert sich,* nervös machen von diesem impotenten Wichser – was war denn letzte Woche mit dem Flugblatt von Reinhold? Mit den ganzen Parolen gegen SDI und Scheiß? Zuerst bellt er rum, daß Politik im Profifußball keinen Wert hat – dann zieht er den Schwanz ein. Reinhold spielt Samstag gegen Nürnberg.

Botho *blickt genauer durch* Wegen Franz, dem blinden Schwein. Weil der ihn in der Ländermannschaft will. Und also kann Udo ihn nicht aus der Vereinsmannschaft entfernen. Mit 1000 Mark war das Ding gegessen, 1000 Mark Konventionalstrafe.

Die beiden Frauen tuscheln während der nächsten Dialoge, kichern, beugen sich vor und zurück, strahlen ihre Männer an.

Thomas Franz hat vor dem Kölner Clan heute Muffensausen, das sieht doch jeder.

Botho *steigert sich nochmals* Der alte Sack. *Zeigefinger schwingend* Du, ich sag dir eins, du, hör gut zu: Ich geh zu dem in die Nationalmannschaft nur noch wegen der Werbedinger, hey, ich –

Thomas *deplaciert dazwischen* Was ist eigentlich mit deinem Knie? –

Botho Du, laß mal. *Fährt fort* Mit Werbung im Hinterkopf, im Hintergrund hast du heute natürlich ganz andere Startbedingungen – auch rein sportlich. Werbung ist Power – auch knallhart gegen den Trainer! Wenn ich meine Kohle von »Fürst Metternich« abkriege – jedenfalls von der Agentur – dann scheißt sich Franz doch in die Finger! Und Udo? Dem haben sie doch echt ins Hirn geschissen! Verträge, Vertragsverlängerungen – kannst du natürlich ganz anders pokern! Wenn's hart auf hart geht. Tore? Torschützenkönig?! Hahaha. Ist kein Argument. Schau dir doch den Dings an von Oberhausen, den Lothar Kobluhn. War Torschützenkönig von der Bundesliga – und heute hat er ein' Zigarettenkiosk. Hat für miese 150000 im Jahr rummalochen müssen. *Noch gewaltiger* Ein Stinker! Heil Hitler! Ist doch brutalster Amateurmief! Werbung, Connections! Das sind die Argumente, was die Herren wohl verstehen, sag ich dir, Thomas, hör gut zu: Was die Brüder sehr wohl raffen!! Auch im Management! Da kriegen sie die großen Kulleraugen. Wirst du völlig unabhängig, Thomas! Kannst du auf Nationalelf pfeifen! *Er verliert stark die logische Übersicht* Scheiß-Deutschland. Knete ist das stärkere Argument. Elf Kameraden wie bei Seppl selig? Hier – *klopft gegen die Brust bzw. die Brieftasche* – sind meine Argumente! Hier! Damit kann ich sie alle auspowern, da steck ich sie alle in den Sack. Werbeverträge – that's it, Thomas! Und möglichst dicke! Keine kleinen Fische! *Etwas erschöpft zu seiner Frau* Angie, los, mach schon mal die Flasche Asti auf.

BOTHOS FRAU *dümmlich* Asti Spumante?

BOTHO Ist doch noch kühl, oder? *Wiedererstarkt* Und die Unterschriften unter die dicke Knete, die kriegst du natürlich nur als Leistungsträger. Und in der Nationalmannschaft!

Bothos und Thomasens Frau beginnen derweil mit dem Öffnen der Flasche, schenken dann irgendwie gemeinsam aus, sind froh, beschäftigt zu sein.

THOMAS *zaghaft* Genau. Ist auch der einzige Grund, warum ich nicht nein sage, wenn ein Ruf kommt, wenn Franz mich anruft –

Botho *geht nicht darauf ein* Für mich ist Franz ein Kackspecht. Der typische bayerische Neureiche. Golf! Kitzbühel! Für mich hat Franz keine Autorität wie sagen wir mal Udo. Der hat seinen Bonus 86 in Mexiko verspielt, der Franz. Scheiß-Nationalmannschaft. Der Toni Schumacher hat voll recht. Sachlich die beste Lösung wäre Trainingslager mit Nutten, nee, er sagt anders dazu, wie sagt er noch –?

Thomas *eifrig* »Liebedienerinnen«!

Botho Voll, ja, »Liebedienerinnen«. Das würde den Streß im Trainingslager unwahrscheinlich erleichtern, wäre als Neuerung ein echter Hammer, Heil Hitler! Du mußt, Thomas, natürlich unwahrscheinlich aufpassen, wenn du mal in der Nationalmannschaft bist, daß du nicht wieder gleich rausfliegst aus dem Beckenbauer-Stall – sonst gehen dir die großen Werbehämmer hops. Dann haben die Brüder kein Interesse mehr an dir von der Werbung, die Wichser. Na denn mal Prost, die Herrschaften!

Durcheinandertoasten.

Thomas *versiert* Dein Wohl, Botho, Ihr Wohl, Frau –

Bothos Frau Asti Spumante. Ein Geschenk von der Agentur –

Thomasens Frau Ah, der prickelt! Ist das ein spanischer Sekt –?

Botho läßt sich von Thomas Feuer geben.

Botho *gnadenlos* Ja, Prost. Auch wenn du nach Italien oder Etienne oder was gehst, Thomas, ist problematisch wegen Werbeverträge. Drum bleib in Deutschland, nähre dich redlich und mach dem Franz schöne Augen. Ich bin auch nicht nach Italien. Hab ja schon alles. Mercedes 300 SE mit Autotelefon –

Bothos Frau Hat sogar einen antiken Hörer!
Botho Thomas, ich rate dir gut. Muck nicht auf im Verein. Und mach die Mücke, wenn sie dir dumm kommen. Und wenn Franz dich ins Bett schickt in Malente oder wo: Stink nicht dagegen – der braucht Mucker, der Stinker. Ein gemeingefährlicher Stinker – das ist der Franz, ich warne dich vorab, Thomas!
Bothos und Thomasens Frau tuscheln und kichern.
Botho Und wenn du aufs Blut gereizt bist, Thomas, laß dich doch am Arsch lecken! Mensch, sag mal, *an alle* wollen wir uns nicht zwischenrein einen Video reinschieben? Bißchen Porno? Eh? Soft natürlich – natürlich –
Stimmengewusel. Die beiden Frauen reagieren linkisch-ablehnend erfreut.
Thomasens Frau Ach, nein, ich –
Bothos Frau Doch, Angie, laß nur! Ist lustig, du!
Botho *zu seiner Frau* Was haben wir denn hier?
Bothos Frau *ist aufgestanden, sieht nach.* Neu hätten wir »Die Gräfin mit der Peitsche«, die ist *gickert* fast jugendfrei, dann besser wohl »Hardrock Fanny Hill«, oder, Botho?
Thomas *etwas überraschend* Haben wir die nicht neulich bei Schumachers gesehen, Maus?
Thomasens Frau *auch überraschend* Nein, bei Okos war's. Und das war aber nicht die Hardrock-Fassung, sondern die klassische, nach dem alten Stück.
Bothos Frau hat das Band schon reingeschoben.
Botho *generös-hausherrlich* Na denn mal ran an den mittelalterlichen Speck! Ihr geilen *vertut sich* Gänschen! Sex ab!

Kleines Gerumpel. Bothos Frau setzt sich, faßt Thomasens Frau eher symbolisch an die Schultern. Thomas trinkt, Botho entfacht eine hausherrliche Zigarre.

HIGH SOCIETY

Auf einer Art Empfang. Ein halbes Dutzend feiner Leute in Dinner-Jackett und Cocktailkleid. Diener mit Tablett. Gewusel, so weit das mit sechs oder acht Schauspielern darzustellen ist. Auftritt Spieler Olaf mit seinem Manager Tricky. Olaf im Hugo-Boss-Anzug trägt ungeschickt einen Blumenstrauß. Leise Musik. Baron Reibach und seine Gemahlin haben sich zum Empfang der Gäste gestellt.

TRICKY *leise zischelnd* Jetzt! Nichts wie hin!

OLAF Wo? Wer –

Olaf will sich erst neben die Gastgeber stellen wie bei der Mannschaftsparade vor dem Spiel. Der Manager rückt ihn quasi-pantomimisch an die richtige Stelle vor das Baronenpaar.

BARONIN Oh, Herr Pommernickel! Wie uns das freut! Mein Gemahl und ich –

Ein Adjutant des Hohen Paars flüstert der Baronin schnell was ins Ohr.

BARONIN Oh, natürlich! Herr Alof! Willkommen! Haben Sie Nachsicht mit einer vergeßlichen alten Frau! Herr Rummenigge wollte nämlich zuerst auch erscheinen, dann kam die Absage aus Como –

OLAF Och, macht doch gar nix! Kann mir auch passieren. Sie, wenn das mal in meiner Gehaltsabteilung passieren tät' – hähähä!

BARONIN Ebeneben!

OLAF *wird souverän* Aber Spaß beiseite, gnädige Frau, ich dank auch schön für die Einladung – und hier – *Er wickelt seinen Blumenstrauß aus, Papiergeraschel. Er weiß nicht, wohin mit dem Papierknäuel.*

BARONIN Charmant! Sieh nur, Edward, die Blumen.
Olaf schüttelt kernig auch dem Baron die Hand.
OLAF Tag! Freut mich! Alof!
BARON *möglichst mit Monokel.* Wie war Ihr Name, mein Lieber?
OLAF Olaf Alof! Meine Mutter sagte immer »Gehupft wie gesprungen« – hehe.
BARONIN *tut so, als ob sie den Witz verstanden hätte.* Reizend! Ich hoffe, Sie amüsieren sich!
Der Manager versucht aus dem Hintergrund seinen Schützling fernzusteuern.
BARON *teilnehmend* Sie sind Künstler, junger Freund?
OLAF Nee, aber mich hat mal ein großer Künstler gemalen, ich weiß nicht, ob Sie den kennen, der Andy Warhol? Netter Kerl. Da war vielleicht was los, hey!
BARONIN Reizend! Amüsieren Sie sich gut bei –
OLAF Och, keine Bange. Dann woll'n wir also mal. Schön haben Sie's hier. Cheerio, alsdann, bis nachher – –
Er entfernt sich nach rückwärts schreitend, bis er den Manager erreicht, der ihn rasch mit fortzieht und auf ihn einredet. Man sieht, wie Olaf sich gebärdenreich gegen offenbare Vorwürfe wehrt.
Im Vordergrund:
BARON *zur Baronin* So – das war also Boris Becker? Den hab ich mir ganz anders vorgestellt. Mehr wie Gottfried von Cramm. Also mehr stramm. Der hier – der sah ja aus wie Olaf Alof!

INTERVIEWSITUATION

Beliebige Situation. Interviewer mit Mikro.

INTERVIEWER Und was sind Ihre Hobbies, Stefan Meyer?

STEFAN *teilnahmslos* Also, Pferde – Golf – mein Porsche – dann Tennis natürlich – gute Bücher – und schon ab und zu Video.

INTERVIEWER Nicht auch Surfen? Ich hab mal irgendwo gelesen, daß Sie in Ihrer Freizeit auch gern surfen, im Urlaub natürlich vor allem. Kann es sein, daß Sie einmal in der Fachzeitschrift »Das Surfbrett« etwas Derartiges gesagt haben, Stefan? Es würde unsere Hörer sicherlich interessieren, ob Sie auch gerne surfen!

STEFAN Ja, natürlich. Surfen gehört auch dazu.

VOR DEM SPORTGERICHT

Die Szene ist angelehnt an die Fälle Schumacher 1982 und Stein 1987.
Spieler Jüppchen, sein Verteidiger, ein Gutachter, der Richter.

SPORTRICHTER Herr Josef Dulz ist vom DFB-Sportgericht, vertreten durch den Kläger Kindermacher, angeklagt, in der 87. Minute des Freundschaftsspiels Köln–Hamburger SV den gegnerischen Mittelstürmer Ebert mit einem Kinnhaken niedergeschlagen zu haben, worauf er von Schiedsrichter Eschenbach des Feldes verwiesen wurde. Eschenbach hat uns schriftlich mitgeteilt, daß Josef Dulz – *sieht auf ein Blatt* –»gezielt, bewußt und außerordentlich brutal« zugeschlagen hat. Außerdem ist geltend zu machen, daß Sie, Herr Dulz, würden Sie bitte aufstehen, schon 1986 mal wegen Schiedsrichterbeleidigung vom Sportgericht verurteilt worden sind.

JÜPPCHEN *halblaut* Schnee vom gestrigen Jahr...

SPORTRICHTER Herr Dulz, Sie können sich jetzt äußern, stehen Sie bitte auf jetzt.

JÜPPCHEN *steht auf.* Alles Nötige hat mein Verteidiger in seiner Aktentasche. Los, Luffe, komm schon!

VERTEIDIGER »LUFFE« Meine Herren, was –

SPORTRICHTER Sie sind der Rechtsanwalt Dr. Lothar Struckmann aus Hamburg, wohnhaft –

JÜPPCHEN *vorlaut* Mein langjähriger juristischer Cerberus.

SPORTRICHTER Bitte um Zurückhaltung, Herr Dulz. Herr Struckmann, bitte!

»LUFFE« Vorausschicken darf ich hier, daß die

Hetzkampagne insbesondere in den Medien, der mein Mandant Josef Dulz in den letzten Wochen ausgesetzt war, an die schlimmsten Jahre der Nazizeit, ja an menschenverachtenden »Stürmer«-Stil erinnert.

Sportrichter Nana...

Jüppchen Genau, du! Wenn du gelesen hast, was –

»Luffe« Auch daß man hier bei der Sportgerichtsverhandlung an die seinerzeitige weißgott geringfügige Schiedsrichterbeleidigung aus dem Vorjahr erinnern zu müssen meint, setzt diese Form der massiven Vorverurteilung fort. Ich denke, hier –

Sportrichter Wie hat er – wie haben Sie denn den Schiedsrichter beleidigt, Herr Dulz?

Jüppchen Überhaupt nicht!

Sportrichter Im Protokoll steht, Sie haben ihn zweimal »Wichser« genannt.

Jüppchen Na und? Dafür bin ich ordentlich verdonnert worden – also lassen wir die ollen Kamellen. Außerdem könnte ich gegen den Schiedsrichter Hans Aalfelder hier auch ganz schön auspacken, was der Spiele verpfiffen hat, mein lieber Scholli, also –

»Luffe« Laß gut sein, Jüppchen. – Was nun den angeblichen K.O.-Schlag des Mittelstürmers Ebert durch meinen Mandanten betrifft, so habe ich mich durch Fernsehvideobänder mehrfach davon überzeugt, daß der Schlag nur sehr leicht und für einen Profistürmer absolut ungefährlich war, man könnte also eine sogar zu ahndende Simulation von Ebert vermuten – zweitens aber handelte es sich hier um das Resultat einer motorischen Drehbewegung, wie sie im Spitzenfußball häufig vorkommt –

Jüppchen *macht Kinnhaken pantomimisch nach.* Praktisch nur so, Herr Vorsitzender –
Sportrichter So schweigen Sie doch!
»Luffe« – populär gesagt um eine Reflexhandlung, entstanden aus einer Überreaktion, wie sie ... äh, auf dem Gebiet des Fußballs und der Bundesliga insbesondere Torleute ... äh: ausgesetzt sind.
Jüppchen *unbefugt* Sie müssen bedenken, Mann, wir Torleute –
»Luffe« *energisch* Mein Mandant möchte darauf hinweisen, daß Torleute, anders als alle anderen Feldspieler, über weite Phasen des Spiels unbeschäftigt bleiben, gleichzeitig aber ein besonders hohes Maß an Verantwortung über Sieg und *vertut sich leicht* Verantwortung zu tragen haben, so daß der Punkt der Überreaktion im Verein mit der Übermotivation besonders schnell erreicht ist.
Jüppchen Genau.
Sportrichter Sie möchten also, Herr Rechtsanwalt, kurz gesagt auf die sogenannte »Torwart-Macke« hinaus.
»Luffe« Den Ausdruck »Macke« weise ich als Diffamierung zurück, mein Mandant –
Sportrichter Sie haben hier vor dem Sportgericht eigentlich nichts zurückzuweisen, Herr – *sieht nach* – Dr. Struckmann. Na gut. Herr Gutachter, möchten Sie zu diesem, na sagen wir, medizinischen Punkt –? Ja? Bitte, Herr Ott.
Gutachter Ott Dr. Solz in seiner grundlegenden Studie über Extremsport-Neurologie macht einen Faktor neurasthenischer und neuralpathologischer Art geltend, den man bei hoch- und übermotivierten

Aktiven als den »Zustand der Sympathikotonie« bezeichnen könnte – populär und vulgo: Unser Mann dreht grundlos durch.
Jüppchen geht auf den Gutachter fast drohend zu.
JÜPPCHEN Quatsch, Mann, ich war nicht durchgedreht, ich war kalt wie Hundescheiße, du! Darauf kannst du echt einen fahren lassen! Du!
»LUFFE« Jupp, laß das, bitte!
GUTACHTER Ihr Rechtsanwalt, Herr Dulz, will sagen, daß Sie sich mit dieser Argumentation selber schaden im Sinne von quod erat demonstrandum. Damit fallen Sie sich selber in den Rücken. Denn der Zustand der Sympathikotonie, vulgo auch »Blackout« genannt, würde Ihnen –
JÜPPCHEN *erregt* Blackoutblackout, ich laß mich hier nicht mit dem Kanzler Kohl über einen Kamm vergleichen, Mann!
GUTACHTER In extremen Streßsituationen – –
SPORTRICHTER *geht dazwischen* Aber meine Herren, Herr Ott, Herr Dr. Struckmann, es war doch eben keine extreme Streßsituation, sondern ein Freundschaftsspiel, als Herr Dulz in der 85. Minute –
JÜPPCHEN 87. Minute, Mann!
SPORTRICHTER – den Ebert niederschlug!
JÜPPCHEN Weil er das 2:1 gemacht hat!
»LUFFE« *rasch dazwischen* Meine Herren, das eben ist doch der Dollpunkt. Das macht doch den *schwimmt* Sympathikusausfall –
GUTACHTER Sympathikotonie! –
»LUFFE« Bon, wie immer die Neurologen das exakt benennen – nehmen Sie den Parallelfall Toni Schumacher 1982 im Halbfinale gegen Frankreich. Die

Presse hat in den letzten Wochen vollkommen zu Recht darauf hingewiesen, daß Schumacher straffrei ausgegangen ist, weil er übermotiviert war, während mein Mandant – *Merkt, daß er sich verrannt hat.* Kurz, wenn schon Schumacher ohne Sperre bleibt –

JÜPPCHEN Und die Jackett-Kronen hat er trotzdem dem Battiston bezahlt, hat er im »Sportstudio« darauf hingewiesen! Jawohl!

»LUFFE« *greift nach dem Strohhalm* Eben! Und damit seine Schuld eingestanden. Und ist trotzdem nicht vom Sportgericht bestraft worden! Ich finde, hier wird mit zweierlei Maß gemessen –

SPORTRICHTER Jajaja, ist gut. Wir haben ja noch gar kein Urteil, Herr Kollege, oder?

JÜPPCHEN *macht pantomimisch vor.* So hat der Schumacher den Battiston ausgeknockt! Und so ich den Ebert. *Neue Pantomime* Ganz leichter Hieb nur, Mann!

SPORTRICHTER Na, immerhin ging es bei Schumacher um einen Ausnahmezustand, also um den Einzug von Deutschland ins Finale, während bei Herrn Dulz ging es – um nichts. Da bricht doch Ihr Argument, Herr Verteidiger, der Übermotivation im Verein mit der speziellen Torwart-Streßsituation, in sich zusammen!

»LUFFE« *hat eine Idee.* Nicht ganz, Herr Richter, obwohl es oberflächlich so scheint. Aber gerade – und der Herr Gutachter wird mir hier recht geben – dieses Fehlen eines hohen sportlichen Anreizes beim Freundschaftsspiel fördert in der Regel die ohnehin torwartspezifische Überreizung – bis hin zu einer kompensierenden Über –

Sportrichter *läßt es genug sein.* Aber nun erzählen Sie doch keine Ammenmärchen, Herr Anwalt! Sie argumentieren, wie Sie's grad brauchen –

Gutachter *meckernd* Eine Variante von Double-Bind, wie wir Psychologen sagen, hehe. Nein, hier passe auch ich.

»Luffe« Und doch könnte hier der Schlüssel –

Sportrichter Nein, lassen wir's gut sein, meine Herren. Nach allem, was ich gehört habe, sehe ich in der Verhaltensweise von Herrn Josef Dulz am 24.7.87 bestenfalls einen automatisierten Impuls mit der Folge gefährlicher Körperverletzung weit jenseits des normalen sportlichen Fouls.

Jüppchen *erregt* Und ich sage, der simuliert, der Ebert, der ist ein ausgewiesener Nehmer!

Sportrichter Ruhe, bitte! Und – außerdem habe ich vorher gerade beim Blättern in den Akten auch festgestellt, daß Herr Dulz bereits 1979 im Bundesligaspiel gegen Frankfurt – Dulz spielte damals noch Torwart bei Offenbach – den Spieler Hölzenbein, wie es im Urteil heißt, *sieht nach* »grundlos« zusammengeschlagen hat. Was –

»Luffe« Das ist unfair, Herr Richter! Der Casus ist längst verjährt!

Jüppchen *geht leider dazwischen* Schon wieder uralte Kamellen! Das war damals die Marschroute des Trainers! Rehhagel! Das war im Auftrag! Praktisch eine Sache zwischen –

Sportrichter Praktisch Befehlsnotstand, wie? Herr Dulz, Herr Dulz!

»Luffe« Unfaire Überrumpelungskampagne! Ich werde bei der Kammer Beschwerde, beim DFB-

Ältestenrat Beschwerde einlegen! Hier werden Sportler zu Unmenschen – gemacht und – degra –
JÜPPCHEN *läuft zu großer Form auf* Das war die damalige Marschrichtung des Trainers! Ein Trainer – ob Rehhagel oder Geilenkirchen, ist für mich egal – kann mir die Augen verbinden, mich vor eine 100 Meter tiefe Schlucht stellen und von mir verlangen, daß ich Schritt für Schritt noch weiter gehe!
Gutachter und Sportrichter nicken sich bedeutsam zu. Der Verteidiger hat es aufgegeben.
JÜPPCHEN *tritt nah zum Richter.* Und dann gehe ich weiter. So viel Vertrauen habe ich jederzeit zu meinem Trainer. Und ich werde ihm noch jederzeit weiter Vertrauen offenbaren, auch wenn ich – zumindest bei wichtigen Punktspielen! – einen kleinen Sender mit an die Schlucht nehme, auf dem mir einer in letzter Sekunde »Stop« zuflüstert. Das ist die Wahrheit, hohes Sportgericht! Und kein »Sympathiconus« und »Blackout«! So können Sie mir nicht kommen! Die Devise zwischen Spieler und Trainer kann nach Adam Riese nur lauten: Vertrauen gegen Vertrauen. Auch wenn Sie das nicht verstehen können, Herr Richter!
SPORTRICHTER Ja, ja, *erschüttert*, ist dann gut, Herr Dulz. Es erfolgt eine kleine Pause, in zwanzig Minuten erfolgt das Urteil.
JÜPPCHEN *noch wie in Trance* Aber ehrlich! Vertrauen gegen Vertrauen! Das ist meine Basis!

Jaschin

Schnellinger Beckenbauer Moore Facchetti

Haller   Di Stefano

Garrincha   Eusebio   Pele   Gento
(Cruiff)

Beste Mannschaft aller Zeiten. Nach O. Zirngiebl

EIN SPION

Eine Türe. Vor der Türe, gebückt, schaut ein etwas älterer Herr angestrengt durchs Schlüsselloch. Jenseits – im anderen Raum – sieht man auf einem Tisch mehrere Schnaps- und Weinflaschen. Der Mann – der Trainer – schaut abwechselnd ins Loch, reckt sich wieder hoch und redet wider die Tür.

Die Szene ist angelehnt an eine Anekdote – oder Legende – aus der Frühzeit der Bundesliga, geschehen bei 1860 München zwischen dem Halbstürmer Hennes Küppers und dem Trainer Max Merkel. Der Schauspieler könnte hier gut und gern wienerisch, bayerisch oder rheinisch tönen.

TRAINER *ins Schlüsselloch* Mensch, Heiner, sei kein Blödmann, sei kein Arsch, mach kein' Scheiß. *Steht wieder gerade, pocht gegen die Tür.* Ich weiß, daß du zu Hause bist. Ich riech doch die Zigaretten noch ganz frisch. Auf! Mach kein' Terror! Du kannst deinen Trainer nicht so verscheißern! Du bist nicht beim Arzt, du bist im Zimmer, Heiner! Ich weiß es. Mach sofort auf. Und falls du ein Stopferl im Bett hast – ich schau nicht hin, wer's ist, die soll sich anziehen und verschwinden.

Er äugt wieder angestrengt ins Schlüsselloch.

Hochgereckt Ich seh doch die leeren Flaschen. *Lauter* Du mußt dir ein modernes Schloß kaufen, Heiner, da kann dann dein Trainer nichts erkennen! Aber so seh ich, wie noch die Kippe glimmt! *Pocht wieder, schaut ins Schlüsselloch, reckt sich.* Mensch, elf Flaschen, Heiner, das ist Scheiße, da machst dich kaputt, das haut nicht hin. Übermorgen ist Abstiegsvor-

entscheidung, es geht aufs Ganze, und du fehlst beim Training. Meldest dich krank – und schluckst daheim. Ich bin enttäuscht von dir, Heiner, menschlich. Und du willst Profi sein?
Er bückt sich, äugt diesmal besonders lang und angestrengt ins Zimmer, nimmt ggf. sogar den Hut (die Trainermütze) ab. Schreit ins Loch Heiner, ich hab ja Verständnis! Obwohl ich persönlich enttäuscht bin. Komm raus, sonst muß ich's melden. Komm raus, entschuldige dich bei mir und komm morgen ins Training, und die Sache ist verschwitzt, öh: vergessen, Heiner, total gegessen. Hör zu –
Er richtet sich wieder hoch. Pocht dreimal.
Wenn's die Alte vom Rudi ist, die was du drin hast – ich schau weg, ich schweige, wie ein Grab. Los, raus jetzt! Auf mich kann man sich verlassen. Oder wenn's das neue Flietscherl ist vom Hansi Pfefferle. Der hört von mir nichts. Der erfährt von mir schon deshalb nichts, weil ich Ruhe in der Mannschaft haben muß. Ich kann keinen Streit zwischen Libero und Mittelfeld brauchen. Der Hansi oder der Rudi erfahren von mir kein Wort. *Pocht einmal.* Abgemacht? Gentlemen's agreement! Ich drücke beide Augen zu, Mensch, Heiner, du weißt doch – oder ist es meine Frau?? Auch das macht nichts, die kannst vergessen, die kannst haben, jederzeit, ich geb dir's sofort offiziell mit Handschlag – aber kommt jetzt beide raus! Ich brauche dich Samstag gegen den Club, wir müssen punkten, punkten! Ich bin doch sogar froh, wenn meine Alte –
Er bückt sich blitzartig, späht, pocht und reckt sich wieder hoch

So, jetzt hab ich was gesehen! Ihren Arm! Heiner! Ich bin nicht eifersüchtig! Du bist nicht beim Arzt, ich weiß es! Komm jetzt raus! Hopp! Jetzt hast du doch heute schon einen weggesteckt – wenn du wüßtest, wie wurscht mir meine Frau ist! Heiner, sei doch nicht kindisch, ich hör's genau, wie ihr zwei flüstert! Du kannst sie haben, die alte Sau, komm, mach jetzt auf! Heiner!

THEKENSTRATEGIE

Älterer, nicht mehr aktiver Fußballer mit drei – vier Hängern an der Theke. Kneipenlärm. Es kann nicht schaden, wenn in Helmut der alte Helmut Rahn wiedererkennbar wird bzw. die zugehörige Legende von Rahns Versacken lang nach dem WM-Endspiel Deutschland–Ungarn 1954.
Hänger bedrängen Helmut. Evtl. Ruhr-Sound.

HÄNGER 1 Helmut, los, erzähl schon! Ab die Post!

HÄNGER 2 Schnüß, der Helmut soll noch mal das dritte Tor erzählen!

HÄNGER 3 Erzählt er schon? Ich krieg noch'n Bier, ja, mir noch ein Bier. Ruhe!

HÄNGER 1 Jetzt, Helmut, los die Kiste, Boß!

HELMUT *geschmeichelt, kippt noch schnell einen Klaren.* Okay, Boys, das dritte, das alles entscheidende Tor gegen die Magyaren aus Ungarn.

HÄNGER 3 Ruhe im Puff! *Nach hinten* Halt doch mal die Klappe, Emil!

Helmut schiebt Bier und Schnapsgläser hin und her. Sie bedeuten Spieler, aus ihnen wird aber auch getrunken, vor allem von Helmut.

HELMUT Allright, wir befinden uns in der 85. Minute –

HÄNGER 3 Die 84. Minute war's, Helmut, steht im offiziellen Spielbericht –

HELMUT *schmunzelnd konziliant* Oder 84. – ist doch drauf geschissen. Der Ball tropft dem Mai auf die Füße. Und was macht Charly? Läßt das Leder abtropfen – Hidegkuti schnappt sich, gibt nach links zu Puskas. Okay. Aber jetzt Werner dazwischen – Liebrich II. Kriegt ihn, und ab die Post nach Mitte

links zu Fritz. Bon, Fritz ist 34, und ich merk schon
lang, wie ihm langsam die Puste wegbleibt, war ja
ein reiner Techniker – ich war damals 22 und heute
bin ich 48 –

HÄNGER 1 52, Helmut, 52 bist du! He! Keine Tricks!

HELMUT *generös* Oder 52. Jedenfalls konnt' ich mit 34
schon kein' Schritt mehr über zehn Meter tun. Ich
meine, im Sprint. Okay, Boys, wo waren wir?

*Er beginnt wieder heftiger seine Gläslein zu ordnen und
herumzuschieben, trinkt vorher aber.*

HÄNGER 2 *anfeuernd* Und was war dann, Helmut?

HELMUT »Fritz, laß mich«, schrei ich Fritz Walter zu –
jetzt, paß auf, Schäng – jetzt, dieses Glas Schnaps ist
der Boszik, das da *ein Bierkelch* ist der lange Lorant
– ich selber *Schnapsglas* bin hier am Lauern. Aber ich
hab noch den Lantos – also den Linksverteidiger
Kleines Helles, Helmut trinkt es rasch aus vor mir.
Tscha, was tun? Der Fritz den Ball butterweich zu
mir – das konnte der! – Max auf halbrechts, *neues
Schnapsglas wird rangeschoben* hey, laß den Buzanski
stehen, Schäng!

*»Schäng« hat aus dem Bierkelch-Buzanski getrunken –
unter großem Gewieher wird das Glas wieder hingeschoben, wo es war.*

HELMUT Bon, Max Morlock übernimmt, sieht mich zur
Mitte starten – *Geschiebe* – ich kapiere in Bruchteilen
von Sekunden: noch acht Minuten –

HÄNGER 1 Sechs, Helmut, oder fünf!

HÄNGER 3 Mensch, halt die Klappe!

HELMUT – und obwohl ich Rechtsausleger bin, nehm
ich den Ball mit links, treib ihn auf den Elfmeterpunkt hin – *Geschiebe* – jetzt Lantos wie ein Wahn-

sinniger auf mich los, Mensch, mich laust der Affe, wie der auf mich zufegt – ich aber laß ihn mit einer kleinen Körperdrehung eiskalt wie Kruppstahl aussteigen, den Knilch, lege den Ball von rechts nach links auf den Fuß, gucke nochmal, zieh ab, Peng, gucke, gucke – und da ist der Ball schon im Grosiczs sein' Kasten!

ALLE DREI HÄNGER Ööh! Helmut! Spitze! Echt!

HELMUT *noch drauflegend* In der spitzen linken Ecke – von mir aus gesehen! Wamm! Der hat voll gesessen, du! Ungarn war k.o.

Nochmals Freudengelärme. Alle trinken heftig.

HÄNGER 1 Alles, was wahr ist, Helmut, du bist der Größte!

HÄNGER 2 *durchblickerisch* Helmut hat damals geholfen, daß der von Hitler verlorene Krieg vergessen werden konnte, du Arsch!

HELMUT *zum Wirt* Heinz, vier Helle, vier Kurze! Männer, ich sag's euch ehrlich!

HÄNGER 3 Hör mal, Helmut, gestern hast du aber hier erzählt, der Klare hier in der Mitte war der Kocsis!? Und der wär' von dir auch noch ausgetrickst worden!

HÄNGER 1 *singt kurz* »Deutschland, Deutschland –«

HELMUT *gemütlich, nicht ohne Sinn für Komik* Und morgen kriegst du, Egon, meine Variation Nr. 1002. Und meinen Urenkeln, denen verklickere ich an gleicher Thekenposition, daß ich den ungarischen Verteidigungsminister Ferenc Stalin auch noch ausgespielt habe, bevor's krachte!

Frohsinn, Lärm, Gejohle.

HÄNGER 1 Stalin? Puskas!

HÄNGER 2 Maliter oder so ähnlich.
HÄNGER 3 Nee, Imri Notsch oder so hieß der damals –
HELMUT Und ich sag: Stalin!

PRESSEKONFERENZ

Toni und sein Agent, beide linkisch-wichtigtuerisch und mehr oder weniger überfordert, hinter einem pressekonferenzmäßigen Tisch mit Cola-Flaschen drauf. Drei Journalisten mit Stift und Schreibblock vor ihnen. Auf dem Tisch läuft, kurioserweise ein Tonband mit. Vorab evtl. kurzes jämmerliches Blitzlichtgewitter.

AGENT Ruhe bitte jetzt. Die erste Frage der Herr von der »Nachtausgabe«. Bitte.

JOURNALIST 1 Herr Wimmer, seinerzeit in Torwart Schumachers Buch »Anpfiff« wurde behauptet, in der Bundesliga werde routinemäßig gedopt. Mit Hustensäften usw. In Ihrem ersten Buch »Ich breche mein Schweigen« steht nun – *schlägt Buch auf* – Seite 27 ff. zu lesen, in der Bundesliga sei auch Rauschgift an der Tagesordnung. Sie nennen Hasch, Morphium, Kokain –

AGENT *wichtigtuerisch* Ihre Frage, bitte! *Er äugt auf seine Armbanduhr, flüstert kurz mit Toni.*

JOURNALIST 1 Mir fehlen aber in den 280 Seiten des Buchs ein bißchen Beweise, die Belege. Ich meine, wo haben Sie selber was gesehen?

Toni und sein Agent schauen sich wichtig, aber sehr nervös an, flüstern kurz.

AGENT Toni Wimmer möchte diese Frage nicht beantworten. Bitte, weitere Fragen!

JOURNALIST 2 Aber meine Herren, deshalb sind wir doch hier, deshalb haben Sie doch diese Pressekonferenz anberaumt, damit offene Punkte, die im Buch selber – aus vielleicht verständlichen Gründen – nur angetippt werden – was – was soll –?

AGENT Was wir beantworten, was wir nicht beantworten, müssen Sie schon uns überantworten, meine Damen und Herren!

TONI *nachhinkend, halblaut* No comment!

JOURNALIST 2 Was soll das, »no comment«? Das ist doch praktisch die zentrale Aussage des Buchs von Toni. Daß a) heftige Geschlechtspromiskuität – S. 152 ff. – und b) Rauschgiftgenuß im Trainingslager stattfinden.

JOURNALIST 3 Deshalb wurde das Buch doch schließlich Bestseller – mit, ich glaube, jetzt 180 000 verkauften!

AGENT 186 000 verkauften. Ich denke, die Zahlen sprechen für sich. *Zu Toni leise* Wie bitte?

TONI *mutig* 188 000 verkauften. Seit gestern. Ich habe hier die neuesten Zahlen.

AGENT *protzig* Und das in zwei Wochen. Ein Top-Renner, ein absoluter Top-Bestseller, ein *vertut sich* Super-Steady-Seller, die Buchhändler reden vom »Stapeltitel des Frühjahrs«. Dazu Nachfragen wegen Lizenzausgaben in fünf EG-Ländern und drei deutschen und fünf Euro-Buchclubs!

TONI *heroisch-linkisch* Damit sind die Zahlen von Schumachers Buch von 1987 schon jetzt eingestellt. Und eins sage ich hier klar: Ich bereue nichts. Auch wenn jetzt –

AGENT *geht dazwischen* Nicht eingestellt, Toni! Überflügelt! Und wenn Sie, meine Herren, mich persönlich fragen, was, warum das so ein Traum-Seller geworden ist: Weil Toni – so wie in seinem Tor – auch in seinem Buch absolut aufrichtig, integer und mutig ist, und weil –

Toni *etwas daneben* Ich bin brutal ehrlich, ich –
Agent *dazwischen* Genau. Und weil er mit der Materie vertraut ist wie kein anderer deutscher Professional, kein anderer Top-Star. *Überraschend* Die DFB-Spitze ist und bleibt überaltert!
Journalist 1 Aber nochmals, meine Herren: DFB-Spitze hin und her – der Aufhänger, der Scoop dieses Buchs ist doch –
Agent *ängstlich* Ich äußere mich nur –
Journalist 1 – dieses Buchs liegt doch nicht in seinen sportlichen Anschauungen und moralischen Appellen, die ja alle ehrenwert sein mögen – sondern in der vorerst allerdings unbewiesenen Insinuation, äh: Behauptung, in der Bundesrepublik sprich Bundesliga werde gekifft, was das Zeug hält.
Journalist 2 Eben.
Agent Wir haben keinerlei Anlaß, auf die Unterstellung, Frage – –
Journalist 3 Was heißt eigentlich dauernd »wir« und »uns«?? Sind Sie eigentlich der Ghostwriter, Herr Hohl? Ich dachte, Sie seien nur der Steuerberater, meinetwegen der Agent von Toni!
Agent *keifend* Auf unverschämte Fragen antworte ich nicht. Die nächste Frage!
Toni *schon sicherer* No comment!
Journalist 2 Haben Sie das eigentlich von Kanzler Kohl gelernt, dieses »No comment«?
Toni *erschrocken-überfordert* Kein Kommentar ... ich habe hier nichts zu bereuen.
Journalist 3 Das würde ich bei 188 000 verkauften auch nicht! *Feixt den beiden Kollegen zu.*
Journalist 2 *lachend-ärgerlich* Das bringt uns doch hier

nicht weiter, diese blöden Kohl-Faxen, wir haben hier auch unsere Zeit nicht gestohlen –

AGENT *stark* Mein Partner, unser Ex-Nationaltorhüter Toni Wimmer, ist seit Jahren politisch völlig – *vertut sich* – autark, – *merkt es* – vollkommen unabhängig! Wir haben das im letzten Wahlkampf in München trotz durchaus verlockender Angebote von bestimmten Seiten immer betont. Weder Kohl – noch Brandt, weder Rau – noch Strauß! Auch wenn die freiheitlich-demokratische –

JOURNALIST 3 *sehr verärgert* So kommen wir hier doch nicht weiter, das sind doch Kinkerlitzchen! Meine Herren, machen wir hier eine seriöse Pressekonferenz oder Kinderstunde im Nachmittagsprogramm!? Es geht nicht um Rau oder Kohl –

AGENT Einverstanden! D'accord! Aber –

JOURNALIST 1 *übernehmend* Sondern um die Frage, ob, wie es im Buch vor allem S. 27 und 110 ff. heißt, die Bundesliga eine »verkommene Kiffbude« ist! Darum geht's, verdammtnochmal!

AGENT *rennt blind ins Verderben* Ich weise diese Unterstellung mit aller –

JOURNALIST 1 *dazwischen* Welche Unterstellung denn?

AGENT – diese Unterstellung mit aller Entschiedenheit zurück. *Wichtigst* Im Wiederholungsfalle, ich mache Sie drauf aufmerksam, werden wir mit einer einstweiligen Verfügung – –

JOURNALIST 1 »Wirwirwir«, was soll das? Toni, warum äußert er sich nicht?

AGENT Sie lesen aus dem Buch heraus, was nicht –

JOURNALIST 2 *blätternd* Warten Sie, hier steht's doch: »Eine beschämend verkiffte Rauschgiftbude ist aus unserer

1963 mit den schönsten Hoffnungen gegründeten Bundesliga geworden« – Seite 111!

Toni *ängstlich* Das habe nicht ich –

Agent *eiligst dazwischen, furchtsam-doof* Wir können das von hier aus nicht überprüfen und –

Toni *schüchtern* No Commentar ...

Journalist 2 Aber klar können Sie! Sagen Sie, verkaufen Sie uns für doof, oder was?

Agent Wir sind hier, um strittige –

Journalist 2 *zäh* Oder haben Sie kein Buchexemplar hier? *Hält seins hoch.* Hier, bitte!

Agent *etwas verwirrend* 188 000 Leser können keine Deppen sein und – wir haben hier keinen Dreck am Stecken!

Journalist 2 *feixt* Doch! Mindestens 45 Millionen Deutsche sind Knalldeppen, haha!

Agent *hat wieder etwas Oberwasser* Ich verbitte mir das! Sie sind nicht hier, um das deutsche Volk zu beleidigen! Wir sind hier, um Fragen von öffentlichem Interesse –

Journalisten lachen, feixen, schütteln die Köpfe. Einer zieht den Mantel an, schickt sich an zu gehen. Journalist 2 rafft sich endlich auf, geht zu Toni und dem Agenten nach vorn und knallt ein Buch auf den Tisch.

Journalist 2 Hier, Seite 111, falls Sie's überlesen haben sollten!

Journalist 3 *liest derweil laut aus seinem Buch vor, stehend* Hier, Seite 115: »Heute kann man die gesamte Bundesliga, mit Ausnahme vielleicht von Uerdingen, Homburg und Karlsruhe, wo uns noch die letzten Beweise fehlen, als einen pervertierten Saustall an Koks und Sex bezeichnen!«

JOURNALIST 1 Schwarz auf weiß, Herr Wimmer!
JOURNALIST 2 *vorne* Gesagt ist gesagt, Herr Autor und Herr Ghostwriter!
AGENT *schwerst bedrängt* Ich bin nicht *vertut sich* Ihr Ghostwriter! Oder genauer gesagt: der Undercoverwriter! Lassen Sie das! Ich warne Sie! Ich mache Sie wegen übler Nachrede haftbar!
JOURNALIST 2 Okay, und Sie, Herr Wimmer?
TONI Ich – möchte hier eine Erklärung abgeben.
AGENT *ängstlich* Eine Erklärung? Laß das, Toni –
JOURNALIST 1 Lassen Sie ihn doch mal. Ruhe!
TONI *zuerst ängstlich, dann wie etwas überwirklich* Ich gebe zu, ich bin der Autor dieses Buchs. Ich wollte mit diesem Buch –
AGENT *zischelnd* Laß gut sein, Toni!
TONI – klare Verhältnisse schaffen. Jawohl.
JOURNALIST 2 Na also, wenigstens was!
TONI Ich bin für klare Verhältnisse, wie J. R. Ich bin nicht der Affe im Zoo, ich will nicht noch einmal Schlachtvieh der Bundesliga sein wie bei meinem Platzverweis 1985. Ich habe dieses Buch geschrieben – jawohl. Und ich habe damit vorher und nachher *unklar, was er meint* von der Lüge bis zur Erpressung alles erlebt, was man als Profi-Fußballer heute erleben kann. Ich sage nur: »Pfeiffer«. Ich bereue trotzdem nichts. Denn diese meine zugenommene Lebenserfahrung kann mir keiner mehr rauben.
JOURNALIST 2 Was redet denn der Mensch?
AGENT *ergreift die Chance* Vielleicht kann ich Tonis Statement hier kurz erweitern. Toni will sagen: »Was stört sich die stolze deutsche Eiche, wenn jetzt ein

Schwein sich dran reibt!« Jawohl! Und das ist auch die Quintessenz seines Buchs.

TONI *ist noch nicht fertig, steht sogar auf.* Sie wissen, ich bin kein schräger Typ!

AGENT *schnell* Toni ist kein Querulant!

JOURNALIST 1 Was soll das alles, he?!

TONI *fest* Depressive Phasen sind mir fremd. Ich scheue niemanden. Ich schone niemanden, auch mich nicht. Dies ist mein sportliches Testament. Ich danke der deutschen gesamten Sportpresse für ihr Interesse.

Journalist 2 läuft nochmals nach vorne zu Toni und zeigt mit dem Finger in das Buch.

JOURNALIST 3 Okay, das war Ihr Testament, aber –

JOURNALIST 2 *übernehmend* – aber haben Sie das geschrieben oder nicht, mit der »Kiffbude Bundesliga«??

Toni studiert interessiert den Text, sein Agent tuschelt auf ihn ein.

TONI *entschlossen* Wenn es so dasteht, dann hat – *Besinnt sich um, wiederholt* Ich wiederhole, ich lasse mich hier nicht zum Buhmann, und das heißt, zum Schlachtvieh machen.

AGENT *sucht zu retten, was zu retten ist* Herr Wimmer wird auf Ihre Frage nicht eher antworten, bis er sich nicht mit seinen Rechtsanwälten beraten hat!

Journalisten johlen, feixen, lachen, einer wirft den Hut hoch.

JOURNALIST 2 Aber der Anwalt sind doch Sie, der Ghostwriter, hahaha!

AGENT Ich ziehe Sie zur Verantwortung wegen übler Nachrede, wegen Überschreitung Ihrer journalistischen Kompetenz und des Fairneßgebots!

Journalisten packen zusammen, winken ab und beginnen abzuwandern.
AGENT Ich nenne das Amtsanmaßung – – ! Toni, wir werden uns das nicht gefallen lassen. Nie!
Toni schlägt etwas rätselhaft die Hände vor den Kopf.

Aures

Lang   Brunner

Wollak   Meßmann   Thiem

Schreiner   Thaler   Herbst II   Braun   Birner

Ersatz: Herbst I, Pietratsch, Strobl

1. FC Amberg, Meistermannschaft 1952

TELEFONSITUATION 4

Bundesligaspieler in seiner Wohnung. Von Beginn an mit dem Gerät in der Hand im Kreis gehend. Offensichtlich ist er erregt.

MIKE Klar will ich den Sportchef Ihres Blatts, den Verantwortlichen! *Er muß offensichtlich warten.* Wie bitte? Wie war Ihr – – Palm? Herr Palm? Gut, Sie wollte ich. – – – Gut. Gut, Herr Palm, hören Sie: Was Sie da gestern in der Headline geschrieben haben, war echt eine Schweinerei. – – – Nein, nein. – – Gut, dann war's einer Ihrer Leute, aber Sie haben die Verantwortung. Hören Sie, in der Headline stand – Augenblick. *Er zieht einen Ausriß aus der Tasche. Zitiert* stand: »Kölns Mike mit Biggi auf der Liebesinsel«. Hören Sie, das ist – meine Frau ist echt sauer. Das ist – – – Liebesinsel, ja. – – – Ich weiß, Herr Palm, daß ich Ihnen und auch Ihrem Blatt jede Menge zu verdanken habe. Und ich will auch kein – kein negatives Medienklima. – – Nein, ich fick mich hier nicht ins Knie, aber so geht das nicht. – – Warum nicht? Was heißt – ? – – – Hören Sie, meine Frau, die Helga, war total aus dem Häuschen, war knapp am Nervenzusammenbruch, Herr Palm. – – Klar weiß ich, daß ich Ihnen einiges zu danken habe, drum will ich auch keinen Anwalt reinziehn, sondern schlage vor, wir bereinigen das telefonisch. Also, Sie setzen eine Berichtigung – oder Gegendarstellung – rein, daß nichts, absolut nichts passiert ist am Baggersee. Wie? – – – – *lau* Natürlich, klar. Was ich was? – – Was ich unter »intimen Bezieh–«? – – Herr Palm, ich frage Sie zurück, was Sie unter intimen Bezie-

hungen – ? – – – Wer sagt das? Wer sagt, wir haben gebumst?? Sie selber? – – Die dumme Sau, der hetze ich den Anwalt – !! – – – Klar! Klar doch haben wir gebumst, was soll's, die geht doch ewig fremd wie ein Hausmeister, die Biggi! – Nein, so kann man nicht – – – Meine Frau ist fix und fertig, Palm! Ich hab zwar alles mit ihr durchgesprochen, meine Frau versteht das ja, aber ich schwöre Ihnen, ich schwöre Ihnen auf die Hand, Herr Palm, da ist weiter nix! Ja? –
Er legt sich mit dem Telefon auf den Boden, am besten auf den Rücken. Wirft eine Tablette in den Mund.
Hören Sie, Palm, meine Frau legt Wert auf, was? – – Meine Frau legt, ich wiederhole, Wert auf eine gesteigerte *er hat sich vertan* auf eine öffentliche Richtigstellung, daß da nichts war. – – Ich bin nicht schwul, ich bin keine schwule Sau. – – – Die lügt, ha, die dumme Sau! Was? – – – Ich wäre drauf auf sie wie ein Tier? Lüge! – – Na und? Dumm fickt gut. – – – Bitte, Herr Palm – – doch, jawohl: Nein, meine Frau steht auf meiner Seite, die steht völlig über den Dingen! – – – Ach was. – – – Neinnein. – – – Absoluter Blödsinn. – – – Nein, meine Frau steht hinter mir, aber die liegt mir jetzt seit gestern unheimlich auf dem Wecker – auf den Nerven. – – Klar geht mir das an die Nieren. – – – Am Arsch, die Biggi lügt, lügt wie eine gesengte Sau! – – Herr Palm? Nein, Ihr Blatt und Sie, Sie können sich jetzt nicht so einfach aus der Verantwortung entfernen! – – Meine Frau ist nervenhausreif, Herr Palm! Herr Palm? Herr Palm!!

FRAUENKRÄNZCHEN

Drei Spielerfrauen in einem Wohnzimmer oder einem Bistro. Zwei Blondinen haben Sonnenbrillen ins Haar hochgesteckt – die dritte trägt einen großen Denver-Frauen-Hut oder Afro-Look. Alle drei gut aufgedonnert mit Kettchen, Klunkern, Stiefelchen. Eine oder zwei der Frauen werden von Schauspielern gebracht. Kaffee- oder Cocktailgeschirr.

CARMEN *zu Brigitte* Huch, wie spießig! Werbung für Buratti-Blousons?

BRIGITTE *lacht giftig* Für diese blöde Serie »Männer in Bewegung«, du ahnst es nicht. Ausgerechnet er, der jetzt auch diesen abgerichteten Schäferhund im Vorgarten hat. »Axel Caesar« heißt der Hund!

CARMEN Gottchen, wie poflig! Und dabei trägt sie Pelzmäntel unter 1000 Mark!

BRIGITTE Dafür macht sie ihren Hoppelpoppel daheim zur Schnecke!

CARMEN Nennt sie ihn nicht »Hoppele«?

BRIGITTE Mir ist nur »Hoppelpoppel« bekannt.

Die beiden kreischen vor Vergnügen. Trinken.

BRIGITTE *kriegt sich nicht mehr ein* »Hoppele« – das paßt zu seinem Outfit!

CARMEN Übrigens, was hört man? Daß der Verein jetzt von Adidas zu Fuji gegangen ist?

BRIGITTE Soll ein sehr potenter Geldgeber sein.

CARMEN Japaner – und potent? Uuui? *Kleines Vergnügungsgekreische.*

BRIGITTE Wann zieht ihr denn um, Martina?

MARTINA *endlich ist sie dran* Du, ich will euch eins sagen. Dirk-Alexander, unser Sohn, ist mein Zeuge:

Als Karlheinz im März bei Verona unterschrieben hat, da schrie ich, schrie ich, daß die Dienstboten im Hause zusammenliefen: »Nein! Nach Verona nie! Warum gehst du nicht wie Bernd nach Sevilla? Oder Kalle nach Marseille?«
BRIGITTE Eben!
MARTINA *nicht überzeugend* Marseille war für mich immer der – der! – Traum einer Stadt!
CARMEN Überhaupt die Côte – Revira – –
Carmen holt Lippenstift aus dem Schminktäschchen, dazu den Spiegel. Später pudert sie sich.
CARMEN Du siehst übrigens großartig aus, Martina-Schätzchen. Euer Solarium?
BRIGITTE *dazwischen* Verona geht ja noch, aber Franzl hat jetzt ein Traumangebot aus Neapel.
CARMEN Huch, wie stinkig!
BRIGITTE Ja, ein Dreckloch. *Raucht.* Aber was wollen wir machen. Napoli zahlt 6,5 Millionen auf die Hand – Florenz nur 3.
MARTINA *etwas verdrossen* Hoffentlich bar!
BRIGITTE Auf die Hand. Und Umzug, klar.
MARTINA *verärgert raucht sie jetzt auch.* Neapel würde ich nie. Jeder Itaker kneift dich doch dort in den Po! *Kurzes Gelächter.* Wir haben zu Hause absolut moderne Partnerschaft. Ich hab zu Karlheinz gesagt: »Charles, Verona nur, wenn sie dort eine Waldorfschule haben!« Für unsere zwei Bambinos. Ulf-Boris ist vier, Dirk-Alexander jetzt bald neun. Geht hier schon auf die Waldorfschule.
BRIGITTE *boshaft* Wie schön für euch! Die Kinder von Olivia, das ist die Frau von Udo, sind jetzt nach Tegernsee, piekfeines Internat.

MARTINA *will wieder drankommen* Und sieh an: Plötzlich ging's! Luigi Cambrini, also der Presidente von Hellas, rief an und sang wie – wie Honig. Ma si, Signora, secaramante una Schula di Waldorf, direttamente Lago dio Garda! Dann ging alles wie geschmiert. Und natürlich dann die Traumgage. Charles und ich möchten, daß unsere Kinder perfekt zweisprachig werden! Schon jetzt höre ich den ganzen Tag »Mamma« und »Papa« und »Verona«!

CARMEN *hat ihr Gelumpe wieder ins Täschchen getan.* Süß, nicht?

BRIGITTE *zäh* Neapel muß wahnsinnig schön sein, Francesco – so nennen wir ihn schon zuhause – hat mir schon begeistert erzählt.

MARTINA *bleibt dabei* Also, wenn einen die Spaghettis jede Sekunde in den Po kneipen? Ich weiß nicht.

CARMEN Also, du, ich war auch schon in Rom oft. Aber mich hat kein Italiener in den Arsch gekniffen!

MARTINA *roh* Du hast auch keinen so guten Arsch wie ich!

CARMEN *beleidigt* Dann kann ich ja wohl gehen! *Steht auf.*

BRIGITTE Ach, Süße, laß doch! Laß dich ansehen! Doch, du hast auch einen echt tollen Arsch! Sei nicht böse, Martina-Schätzchen! Du natürlich auch! Deiner ist knackiger, der von Carmen ist weicher, das mögen die Spaghettis.

Martina läßt, vom Ehrgeiz gepackt, alle Schranken fallen, steht auf und macht ein paar ziemlich ordinäre Drehbewegungen.

MARTINA Und ob der knackig ist!

CARMEN und BRIGITTE *sind echt begeistert* Toll! Echt toll, Martina-Schätzchen! Wirklich toll!

SKANDAL MIT ANSCHISS

Ein Technischer Direktor hocherregt. Lizenzspieler Felix steht als begossener Pudel da. Die Szenerie könnte das Büro des Direktors sein.

DIREKTOR Ja du Wahnsinnsknabe! Bist du noch zu retten!

FELIX Hören Sie, Chef, ich wollt' doch gar nix Böses, ich wollt' doch nur –

DIREKTOR *fortissimo* Ach was! Zuerst die Sauerei, daß er dich anruft, um dich angeblich zu »beraten«! Angeblich wegen deiner Verletzung zu »beraten«! Und dann – *liest es in der Zeitung noch einmal* – um dich »seelisch aufzubauen«! Ja, Kind Gottes – ! –

FELIX Hat er mich ja auch. Wegen dem Meniskus hat er mich beraten!

DIREKTOR Unsinn! Nochmal: Er ist – er ist! – nicht mehr dein Trainer! Sondern seit 1.8.87 ist er Technischer Manager bei unserer Hauptkonkurrenz im Meisterschaftsjahr 87/88! Felix! Was für eine Naivität! Unsensibilität! Du Wahnsinnsknabe! Und dann die Übernachtung privat bei ihm! Das Letzte vom Letzten! Vor der lokalen Presse steh ich jetzt wie ein Depp, wie ein Pudel, wie ein Dackel da!

FELIX *halbwegs mutig* Wieso denn? Warum? Er ist immer noch mein fast bester Kumpel, der Hugo. Wir zwei –

DIREKTOR *legt nochmals zu* Mensch-Mann-Felix! Unglückswurm! Mach nicht auch mich unglücklich! Der Mann ist doch jetzt dein Gegner! Unser Gegner! Diese Filzlaus, die zerquetscht dich doch, ohne daß du's merkst! Wir holen hier vertraglich das Optimale aus dir raus – und du?? Besuchst ihn nicht nur beim Schicksalsspiel in seiner Kabine – du lachst in schönster Harmonie mit ihm auch noch in die »Sportschau«-Kamera – nein, das genügt nicht: Mein Felix muß auch noch bei ihm übernachten! Oh oh oh!

FELIX *naiv* Nur wegen seiner Kinder, Boß! Ich bin net – schwul.

DIREKTOR Wer redet denn –

FELIX Ich bin der Taufpate von seiner Yvonne, und der Rüdiger, der –

DIREKTOR Mannmannmann! Der Mann, Felix, ist ein Superprofi, der kennt *händeringend* absolut alle Tricks! Und du – du fällst auf diesen Psychokrieg voll rein?! Nein, das ist nicht deine Privatsache, sondern das Allerletzte. *Etwas überraschend* Liberalität ja – aber Liberalität nützt nur bedingt was im Leben. Felix! Dein Trainer heißt jetzt nicht mehr Hugo – sondern Heidkamp! So eine Fahrlässigkeit! Kaputtmachen will er dich, zerbröseln! Mit allen Psychotricks dich waschen, dieser »Sir Hugo«! Was für eine grenzenlose Naivität! Das ist schlechtester Stil! Eine Katastrophe!

FELIX *gesenkten Blicks* Okayokayokay, ich werd dann halt net mehr bei ihm übernachten. Ich – *hat nichts kapiert* – möcht aber nochmals sagen: Ich bin nicht schwul, Chef.

DIREKTOR Warum betonst du das so oft? Bist du vielleicht doch anders – äh?

FELIX Ach wo, das hat damit nichts zu tun, Chef, ehrlich net. Der Hugo ist einfach mein bester Kumpel.

Der Direktor ringt die Hände.

GEGENKANDIDATUR

Angelehnt an ein bekanntes jüngeres Vorkommnis. Rolf am Rednerpult vor einer tobenden Vereins-Jahreshauptversammlung.

ROLF Und als ehemaliger Lizenz- und 11facher Nationalspieler von Dortmund, Schalke und Uerdingen sage ich euch nur eins: Was ich als Manager von FC Schalke 04 in den letzten 1 1/2 Jahren in der Ära unter Oskar Schieber erlebt und aus eigenem Augenschein erhärtet und gesehen habe, das stinkt noch mächtiger zum Himmel als früher der Ruhrpotthimmel. Jawohl!

ZURUFE Scheiße! Selber Stinker! Stink uns nicht an, du Scheißhaus! Wir wollen Schieber!

ROLF *winkt ab* Ich erwähne hier mal gar nicht den Schuldenberg von inzwischen von *sieht auf ein Blatt* 2,9 auf 7,8 Millionen angewachsenen Schuldenberg. Eine Schmutz- und Schutthalde! Die Banken legen doch heute für Schalke den roten Teppich aus! Was ich Schieber – strukturell! – vorwerfe, ist nicht sein hohes Einkommen, sondern vielmehr seine persönliche Bereitschaft, sich am Verein zu bereichern, den er wie ein Krösus als sein Eigentum betrachtet.

ZURUFE Pfui! Beweise, Kerl!

ROLF *emphatisch* Jawohl, hat er!! Hat er! Ich hab es hier nicht nötig, mir irgendwas türken zu lassen. Jawohl! Warum tritt er denn nicht mit einer einstweiligen Verfügung oder was diesen meinen gezielten Behauptungen entgegen? Weil nichts getürkt ist!

ZURUFE Du Arschloch, du! Hau doch ab in die Türkei zum Bosporus!

Rolf Hier ist nichts getürkt worden – aber Oskar sagt nichts. Warum nicht? Weil er Angst hat vor der eigenen Scheiße, die er damit aufrührt! Gut, ich gebe zu, ich war jetzt ein Jahr mit ihm zusammen, ein Jahr sein Lehrling. Aber ich war vorab elf Jahre lang Berufs- und Lizenzfußballer. Ich weiß, was ich rede! Ich weiß, was hier gespielt wird. Warum wird denn heute der Verwaltungsrat nicht erfahrungsgemäß entlastet? Ich frage euch! Ich frage hier alle und völlig ehrlich!

Zuruf *deplaciert* Weil du ein Arsch bist!

Rolf *abwinkend* Gut, ich akzeptiere das, Erwin, ich akzeptiere das sogar. Aber ich sag dir eins mit auf deinen Weg: Weil *gehoben* die Zustände, die Helmut Schmidt seinerzeit Richtung Genscher auf die Formel »Machenschaften« brachte, heute bei Schalke 04 sind. So was kann Herr Schieber beim FC Tirol machen, wo er 81 bis 84 beschäftigt war als ich weiß nicht was – als Ausputzer, wie ich wo ironisch gelesen habe. Und was war 86 mit dem Werbesponsor Trial und seinen haltlosen Versprechungen? *Finger hebend* Ich sage hier nicht, daß Herr Schieber eine miese kleine Ratte ist, aber – ich weiß, was ich weiß. Ich möchte hier keine Show abziehen, aber ich möchte hiermit in die Offensive gehen, weil nur offensiv brenzlige Situationen für Schalke bereinigt werden können, ich war jahrelang Vorstopper!

Etliches dankbares Gelächter.

Rolf Ihr habt gehört, was der Kulturminister Möllemann hier vorhin gesagt hat.

Zurufe Der Arsch! Wichser – he – was!?

Rolf Er hat vorher geschworen, Möllemann hat euch

beschworen, die Eintracht eiligst wiederherzustellen. Ich aber sage euch zu Recht: Zwischen Schieber und mir – *deutet auf sein Herz* – gibt es keine Eintracht mehr! So haben wir nicht gewettet!! Dies ist die haßerfüllteste Versammlung von Schalke, die ich seit 20 Jahren bei Schalke 04 erlebt habe! Gut, richtig: In einem Punkt stimme ich mit Schieber überein: Erstes Ziel ist am Samstag ein Sieg gegen FC Köln in bezug auf den Klassenerhalt. Okay. Aber ich frage Oskar, ich frage ihn hier öffentlich: Wo steckt im Augenblick sein Adlatus und Intimus Charly Niemann? Und b) frage ich ihn: Wo sind die 7,8 die Ruhr hinabgeschwommen? 7,8 Millionen!

EINZELSTIMME Und wer war 78 schuld gegen Österreich bei der WM, he? In Cordoba? Wer hat damals den Krankl nicht richtig gedeckt? Du doch, Rolf, oder was ist?

ROLF Ach was. *Geht nicht drauf ein.* Und wenn, frage ich mich weiter, heute morgen in der Zeitung steht, in »Bild«-Gelsenkirchen also, Augenblick! *Zieht Zeitungsausriß hervor.* Kuzorra hat gesagt: »Oskar, du darfst den Verein nicht im Stiche lassen, sonst ist alles hin« – dann frage ich mich, warum vorgestern Kuzorra wörtlich-wortwörtlich zu mir gesagt hat – *zieht zweiten Ausriß aus der Jacke*: »Rolf, du bist der einzige, der für das Präsidentenamt bei Schalke als Gegenkandidat geeignet ist. Nutze deine Chance gut.« Und weiter: »Du bist Fußballer, Juristen brauchen wir hier nicht.«

ZURUFE Na und? Genau! Was soll das heißen?

ROLF Eben. Das redet mir dann auch kein Minister Möllemann aus, der sich dazu Bedenkzeit erbeten hat. Dies, meine Freunde, *zusammenfassend* ist die am meisten haßerfüllteste Schalke-Versammlung seit 65 bis 68, Kollegen! Ich aber möchte diesen Haß und den Schuldenberg auf jährlich mindestens 5,1 Millionen Mark abtragen helfen! So wahr ich Rolf Rattenschläger heiße: Schieber muß seinen Schreibtisch räumen, aber echt! Unheimlich räumen muß er den! Und zwar dalli! Ich danke euch.

LEHRSITUATION

Die nächsten drei Szenen fallen etwas aus dem bisherigen, eher realistischen Rahmen des Stücks. Ihre Bühnenrealisierung empfiehlt sich deshalb mehr separat oder als Zugabe.

Ein Spielbeginn wird einstudiert

Übungsraum. Der Trainer und sein Assistent sowie drei Spieler.

TRAINER Männer! Ihr werdet jetzt lachen, was ich da gleich vorhabe. Ihr werdet vielleicht denken: »Ja was soll denn das?«

Die Spieler nicken beflissen, einer immer mit Verspätung.

TRAINER Also, Männer, das Spiel fängt nämlich schon immer vor dem Spiel an. Ist das klar?

Die Spieler nicken: alles klar.

TRAINER Männer! Manche von euch nehmen das nicht so wichtig, was euer Mannschaftskapitän und Spielführer da vor dem Spiel zu tun hat. Ihr wartet, daß das Spiel selber anfängt, ihr fiebert dem Spiel richtig entgegen, denn es ist ein wichtiges Spiel!

Die Spieler nicken erschöpft: O Herr, laß Abend werden!

TRAINER Aber Männer, jeder von euch kann Spielführer werden, jeder hat die Armbinde im Rucksack, äh: die Sackbinde im Ärmel – ach was!

Die Spieler lachen sich ins Fäustchen, und einer prustet los.

TRAINER Mein Assistent und ich werden euch jetzt mal vormachen, was vor dem Anpfiff von den beiden Kapitänen getan, äh: jedenfalls gemacht wird. Und zwar in dieser Reihenfolge: Begrüßung – Wimpeltausch – Handschlag mit Blick auf die Kamera,

modern genannt auch »Shakehands«. Paßt gut auf, wir machen's nur einmal vor! Und:
Der Trainer und der Assistent exerzieren sehr rasch und wie mechanisch die Bewegungsfolge durch – wobei sie beim Schlußteil mit Blick in die Kamera mit Simultan-Handschlag zähnebleckend erstarren.
TRAINER So, habt ihr's gesehen? Sehr gut, dann ihr beide! *Grabscht sich zwei Mann.* Ihr seid jetzt Spielführer.
Die beiden nehmen einander gegenüber Aufstellung.
TRAINER Begrüßung! Und: Wimpeltausch! Und: Gleichzeitiger Blick in die Kamera! Auf die Plätze – fertig – los!
Nun beginnt eine Pannenserie, eine Variationsfolge der Ungeschicklichkeiten. Die ersten beiden stehen zu weit voneinander entfernt – ihre Hände erreichen sich nicht. Beim zweitenmal gibt einer die »falsche« Hand. Beim Wimpeltausch gerät aber auch schon alles durcheinander. Der Trainer mischt sich ein, bei der dritten Übung auch in die imaginäre Kamera strahlend.
Es können immer dieselben beiden Spieler sein oder wechselnde Paare. Am Ende aber machen es zwei so perfekt und wie im Zeitraffer, daß der Trainer – unter eingespieltem Beifall – sagt:
TRAINER Warum nicht gleich? – Und jetzt, Männer, gleich zur nächsten Übung: Begrüßung – Wimpeltausch – Handschlag mit gleichzeitigem Blick in die Kamera – und Platzwahl. Diesmal mit Schiedsrichter. Schwierigkeitsgrad ist hier 1,8. Ich mache den Schiedsrichter – ihr beide hier die Spielführer. Auf die Plätze – fertig – los!
Wie geschmiert läuft das Programm – vielleicht mit einge-

*bauten parodistischen Elementen: Wimpel vor dem Zugriff kurz zurückziehen, wieder anbieten, wieder entziehen. Oder: Es entwickelt sich aus dem Händeschütteln ein Hand-über-Hand-Spiel – und alles äußerst virtuos.
Dann die Nummer des Trainers in der Rolle des Schiedsrichters: Er zieht – nach einigem Kramen – eine Münze aus der Tasche, zeigt sie rum – und wirft sie in die Höhe. Die Blicke der beiden Spieler folgen. Die Münze fällt zu Boden – ein Suchen beginnt – mit allen Ungeschicklichkeiten. Eine Clownsnummer.
Beim zweiten Mal klappt es vorzüglich. Der Schiri fängt die Münze mit dem Handrücken, deckt sie ab, deckt sie auf – und dann kommt raus, daß Kopf und Zahl gar nicht verteilt war. Also nochmals »Sie Kopf – Sie Zahl« – und jetzt kann, nach dem Wurf, nochmals eine Clownerie beginnen: Was wählt der Gewinner? Vorher fragen – nach der Sonne sehen – Regen prüfen – Windrichtung ermitteln usw.
Zum Schluß nochmals die ganze Übung rasend rasch »am Stück« – mit abschließender Verneigung vor dem Publikum. Freude übers Gelingen, Verneigung.*

TAKTIK

Vor einem kniehohen, zum Publikum hin geneigten Tisch von der Größe eines Billardtisches, wie dieser grün bespannt und mit eingezeichneten Spielfeldbegrenzungen, steht im Trainingsanzug der Trainer. Die Feldherrn-Pantomime beginnt stumm, im Verlauf der Szene wird (s. Anweisungen) Originalton Fußballplatz laut.

TRAINER *verharrt in starrer Napoleon-Pose.*
  Er holt, indem er diese Pose auflöst, ein flaches Kästchen aus der Brusttasche. Öffnet es und holt seine »Mannschaft« heraus: talergroße weiße Scheiben (auch: weiße Flohhüpfer), die er auf dem Spielfeld – linke Spielhälfte von ihm aus gesehen – aufstellt. (Irgendwie haften die auf dem Stoff, oder es geht magnetisch.)
  Er stellt alle Mann in einer Linie vom Torwart bis zum Anspielpunkt im Mittelfeld auf – und richtet sie gleichmäßig aus. Betrachtet die Reihe. Feldherrnpose, linke Hand auf dem Rücken. Er schüttelt den Kopf.
  Probiert, alle übereinander zu stapeln. Gibt rasch auf. Streut sie wild durcheinander, reibt sich die Hände.
TRAINERASSISTENT *tritt hinzu und ordnet die Mannschaft zu einer konventionellen Aufstellung. Und stellt die andersfarbige Mannschaft dazu.*
MANNSCHAFTSKAPITÄN *tritt hinzu. Zu dritt spielen sie nun Feldherrn im Sandkasten, in einer Folge lebender Bilder: Einer beugt sich immer vor und macht Spielzüge, die anderen beobachten sinnend und greifen korrigierend ein.*
In dieser Phase wird Originalton Fußballplatz eingespielt, synchron zum »grünen Spielgeschehen«. D.h. die Herren

am grünen Tisch richten ihre Spielzüge nach dem Tonband. Enttäuschtes Verstummen, empörter Aufschrei, Anfeuerungsrufe, Torschrei – bis hin zum »Hexenkessel«. Die drei am Tisch geben allmählich ihre Feldherrndistanz auf und spielen richtig: Umarmung, Drohung, Torjubel etc.
Eine Reporterstimme aus dem Off begleitet die Spielzüge, wenn das Spiel mit Ton läuft. Sie gibt eine Reportage der Vorgänge am grünen Tisch:

REPORTER *off* Der Trainer zieht mit der Nummer 7 über die Mittellinie. Da! Sein Assistent rennt um den Tisch, um den Bewacher der 7 in Stellung zu bringen – und, was tut der dritte Mann? Er könnte natürlich dem Assistenten helfen – jetzt aber schiebt der Trainer die gesamte Sturmreihe vor, der Kapitän schlägt die Hände überm Kopf zusammen – da! Der Assi deutet auf den Elfmeterpunkt – der Trainer tippt sich an die Stirn – der Mannschaftskapitän wendet sich entsetzt ab.

Etc.

AM GRÜNEN TISCH

Vier bis fünf Personen stehen hinter dem grünen Tisch (siehe »Taktik«), alle in knallbunten Trainingsanzügen mit Werbeaufdrucken, möglichst infantil. Wieder kurze Feldherrn-Attitüden aller Beteiligten. Jeder nimmt eine bedeutende Pose ein. Der Trainer hebt die Hand:

TRAINER Sauhaufen! Das muß doch zu schaffen sein! Nochmals die Aufstellung für die Fotografen, Himmelsakrazementweisnochmal! Oder seids ihr zu blöd, daß ihr euch in einer Reih' hinstellt?!
Er schaut prüfend die Spieler an, die schauen verlegen-betreten drein.
Ich zeig's euch noch einmal!
Er stellt die bierdeckelgroßen Spielmarken in einer exakten Reihe im Mittelfeld auf.
So. Ist denn das so schwer, ha? Merkt's euch das! Ja, Hansi, was hast?

HANSI *meldet sich* Alles klar, Trainer, nur – *Er geht an den Tisch, stellt zwei Marken um, reibt sich die Hände und betrachtet sein Werk.*

TRAINER Ja, was soll denn jetzt das?

HANSI Jo, i mag halt net neben dem Tommy stehn!

TRAINER *höhnend* Ja so! Hat sonst noch jemand Sonderwünsche von den Herren?

DURCHEINANDER Ich! Ich auch! Nicht neben dem Aff!
Die Spieler drängeln sich und verschieben die Deckel, lustige Rauferei, die Figuren fliegen durch die Gegend, bis der Trainer mit der Trillerpfeife einschreitet. Sofort steht alles in einer Reihe am Tisch.

TRAINER Halt! Was ist da?

Zwei tauschen im letzten Moment die Plätze. Der Trainer schreitet die Front ab.

TRAINER Sauhaufen! Zum letztenmal! Das muß doch zu schaffen sein! Ich seh mir das nicht mehr länger an. Also: Zickezackezickezacke hoi hoi hoi!

Alle nehmen wieder Feldherrnposen ein, und die Aufstellung in einer Reihe beginnt. Diesmal klappt's oder geht wieder schief – ad libitum.

```
                    Loy
              Voss    Popp
         Pott    Moll    Horn
   Kroth   Zorc   Roth   Thon   Solz

         Ersatz: Groh, Toth, Flohe,
         Holz (Hölzenbein)
```

BUNDESVERDIENSTKREUZ

Ministerpräsident im Frack, ziemlich kohl- oder straußmäßig. Im Smoking Klaus, er hat soeben das Bundesverdienstkreuz gekriegt. Jetzt im privaten Plausch, beide Sektkelche in der Hand, im Kreis flanierend. Klaus hat das Kreuz angesteckt.

MINISTERPRÄSIDENT Dann weiterhin Glückauf, Klaus, und – obwohl Sie ja jetzt das Verdienstkreuz schon haben *lacht* – Sie hören ja noch nicht auf mit 31, oder?

KLAUS Nein – ja, und nochmals vielen Dank – *deutet aufs Verdienstkreuz* – auch im Namen der ganzen Mannschaft.

MINISTERPRÄSIDENT *plump-jovial* Und meinen privaten Glückwunsch quasi auch noch hinterher, mein lieber Klaus. Ich weiß gar nicht, ob Sie wissen, daß ich in meiner Jugend auch mal Fußball gespielt habe, im Verein, also d. h. zuerst beim VfB Metzingen, dann später bei den Stuttgarter Kickers. Mittelläufer hat man damals noch gesagt, heute der Libero, *lacht* ja, ich war schon damals Stopper und freier Mann zugleich, d.h. verantwortlich natürlich für die gesamte Abwehr, hähä, ich war damals schon immer *kordial* für die doppelte Null-Lösung, hähä, zumindest *schwimmt* für die einfache auf unserer Seite, also der richtigen Seite – also praktisch wie heute, wo ich ja auch als Ministerpräsident Mittelläufer und Mittelstürmer zugleich bin. *Leicht betrunken oder kohlisch* Im Endspiel 49 gegen Ludwigshafen, da waren wir dann aber vom Pech nicht begünstigt – da haben wir *lacht* eine deutliche Niederlage errungen. Das war damals das Jugendendspiel um die süddeutsche Jugendmeisterschaft, ich war auch gleichzeitig Wasserballer. Also, die Vorstellung, daß ich mal später als Politiker einem Nationalspieler das Bundesverdienstkreuz anhefte – die wäre für mich damals als Bub phantastisch gewesen. Also dafür *scheppert los* lohnt es sich ja schon, Ministerpräsident zu sein, ha! Alsdann, lieber Klaus Ohlhauser, nochmals alles Gute und Glückauf und Prosit! *Trinkt!*.

Klaus *nippt* Ja, wie gesagt, nochmals vielen Dank – und auch im Namen der gesamten Mannschaft!

Ministerpräsident *abwesend* Ja, kann ich brauchen!

EIN BRIEF

Torwart Sunny in einer Art Jogging-Hausanzug am Schreibtisch oder im Sessel mit einem Diktiertonbandgerät. Er seufzt, überlegt lange, kratzt sich am Kopf. Drückt dann jeweils beim Diktieren bzw. Korrigieren ein Knöpfchen am Mikro.
Die Szene ist angelehnt an die Affaire Beckenbauer-Stein 1986/87.
Wieder könnte, wie vorne, ein Kleinkind stumm auf dem Fußboden spielen.
SUNNY *seufzt, überlegt, drückt Knöpfchen* Sehr geehrter Franz Beckenbauer. Nee. *Er spult zurück.* Lieber Franz Beckenbauer, ich möchte hiermit alle begangenen Verhaltensfehler – Quak. *Er spult zurück, hört seine Stimme mit dem ersten Halbsatz, stopt, überlegt, spult zurück. Trinkt aus einem Milchglas.* Lieber Franz, sehr geehrter Herr Bundestrainer, es stimmt Doppelpunkt: Ich habe die Nationalmannschaft einmal in Mexiko als eine »Gurkentruppe« in Gänsefüßchen bezeichnet – und Sie einen »Suppenkaspar« in Gänsefüßchen genannt, allerdings nur sinngemäß – sinngemäß unterstrichen, nichtdoch: Quatsch. *Spult zurück, hört alles nochmals auf Band.* Nee, du ... *Er steht auf, geht hin und her, stößt mit dem Fuß widerwillig gegen einen garstigen »Schmuckhund« o. ä. – setzt sich und spult Band retour.*
Entschlossen Okay, sehr geehrter Franz Beckenbauer, hochverehrter Trainer, lieber Coach Ausrufzeichen! Ich entschuldige mich hiermit dafür, daß ich, *stoppt, überlegt, macht weiter* wie ich auch bereits vor vier Wochen in der ARD-»Sportschau« sagte und auch

der Zeitung »express« gegenüber erwähnte sowie auch sinngemäß der Hamburger »Morgenpost«, daß ich einmal in Mexiko Sie einmal unfreiwillig beleidigt habe *zurück, hört ein Stückchen, überlegt* und die Mannschaft unflätig behandelt habe, – alle Mann zurück. *Hört das letzte nochmals, wieder zurück, korrigiert* – die Mannschaft ungehörig, aber nur unabsichtlich unfair behandelt habe bzw. gegenüber getreten bin durch meine damaligen vielleicht unbedachten Äußerungen und Statements der Presse gegenüber. *Stopt, schüttelt etwas verzweifelt den Kopf, hat sich aber entschlossen, durchzuhalten.* Wobei trotzdem natürlich in der *überlegt* internationalen Presse vieles unkorrekt zitiert wurde. Es ging mir dabei im Grundsätzlichen um die Schlagkraft *stopt, macht weiter* und Schlagfähigkeit unseres Teams *kratzt sich* im direkten Vergleich mit den südamerikanischen Teams. *Stopt, läßt zurück, dann wieder mit seiner Stimme vorwärtslaufen, stopt, überlegt lange schweigend. Startet wieder* Ich hoffe aber herzlich, die Sache ist damit vom Tisch, das heißt aus der Welt. Und ich wäre von mir aus jederzeit bereit, von meiner Seite her wieder in ein wiedererstarktes Team unter Ihrer Führung zurückzufinden *stopt, kurz zurück, korrigiert* unter Deiner Führung zurückzukehren, zumal *etwas Gutes fällt ihm hörbar ein* mein Comeback durch eine seit Wochen anhaltende exzellente Form meinerseits unterstrichen wird. Mit vorzüglichen Grüßen – halt! *Zurück, hört, löscht das letzte.* Es war ein Blackout meinerseits – weiter nichts. Neue Zeile: Mit sportlichen Grüßen Ihr Ulrich Schrader – Dein *überlegt* Dein alter Sunny. *Stopt, überlegt, läßt Band*

zurücklaufen und hört alles – oder den ersten Teil –
nochmals an. Stopt, überlegt.
Schwermütig Scheiße, Mensch. Scheiße...

MEISTERSCHAFTSFETE

Die vier Spieler Lothar, Dieter, Klaus und Horst – jeder mit einer lustlosen Schampusflasche in der Hand – halbnackt im Duschraum o. ä. Trainer Ingo kommt dazu in Sportkleidung, sehr schwankend und sowieso widerlich. Später Spieler Heinz.
Die Szene lehnt sich an an eine ähnlich gebaute zum gleichen Thema von Albert Hefele.

ALLE VIER SPIELER *singend, nach irgendeiner blöden Melodie:* »Wir sind Meister, FC heißt er, der
          Neue Meister, da scheißt der
          Hund nicht ins Bett!«

KLAUS Hey, Lothar *spritzt ihn an* – guck!

LOTHAR Du Sau, du!

Trainer Ingo wackelt hinzu. Gekreische.

HORST Heil, Ingo! Meister, he, was!

LOTHAR Wo ist Pokal, he?!

INGO *hält den Pokal hoch.* Hier, du Mittelfeldachse!

Gekreische. Hände recken sich nach dem Pokal, der während der Szene sinnlos rumwandert.

LOTHAR *schaut in den Pokal.* Nix drin, ey!

INGO *macht Gluck-Gluck-Symbole* Hast ja dein' Schampus, tu Schampus in Pokal.

DIETER Au ja, au ja, Schampus in Pokal rein!

Ingo, Lothar und Horst schütten zwei Flaschen Schampus in den Pokal. Klaus spritzt sie dabei mit einem Schlauch an.

LOTHAR Ey, du schwule Sau, du!

HORST Kanackensau! *Trinkt aus dem Pokal, die anderen aus den zwei Schampusflaschen. Heinz kommt rein, brüllt los.*

Heinz Hey – was ist? Wippwipphurra! Ich auch!
Klaus Ingo, hoch, hoch, hoch, Meister!
Lothar *gutmütig-deppert* Ingo geht zu Köln – FC Bayern wird trotzdem wieder Meister, ha!
Ingo *drohend* Leck mich am Arsch, du!
Heinz Gebt mir Pokal rüber, Mann!
Lothar Obacht! *Er reicht ihm den Pokal.* »Wir sind Meister, FC heißt er« – und volle Pulle!
Heinz Öh, du Sau, du Drecksau, Sack, du blöder!
Lothar hat den Inhalt des Pokals über Heinzens Kopf ausgegossen. Großer Freudenlärm.
Klaus Duschenduschen!
Schon spritzt Horst mit einem Wasserschlauch den Kopf von Heinz wieder sauber.
Heinz *prustend* Blöde Säcke! Bauernpfeifen!
Lothar hat einen Ball geschnappt. Wirft ihn Horst zu, der weiter an Klaus usw.
Lothar Los, Ingo, fangen!
Ingo, betrunken, nimmt tatsächlich das Angebot an, kriegt aber den Ball trotz großer Mühe nicht.
Klaus Schnapp ihn dir, Trainer!
Heinz *wieder lustig* Und? Und? Los, Ingo! Los!
Horst Köln Abstiegskandidat, hehe!
Ingo *betrunken und ehrlich wütend* Spastis! Bayern-Spastis, blöde Hunde!
Lothar Selber blöder Hund. Und los, das neue Lied von Köln:
Alle fünf *gegen Ingo gerichtet singend:*
»Wir steigen ab, wir steigen ab
Und singen drum: Bumsvallera und trallala!«
Ingo hält sich halb spaßhaft, halb wirklich geschafft die Ohren zu. Zwei Mann trinken Schampus.

LOTHAR Hahaha, Trainer! Hoffnungsträger, he!
HEINZ *schüttet Ingo etwas Schampus ins Ohr.* »Hörst du mein heimliches Rufen...«?
INGO Wer war die Sau?? He! Du! *Nun wirklich ganz zornig* Schwein! Schwabensau!
LOTHAR He, Ingo, Spaß muß sein, Trainer!
HORST *hat noch nichts gemerkt, singt ad libitum* »Ingo geht nach Köln, Köln, Köln...«
INGO *stinksauer, stampft mit dem Fuß auf.* Ihr widert mich an, ihr Charaktersäue! Ihr! Pfui!
HEINZ Höh, Ingo, langsam!
LOTHAR Ingoingoingo! *Singt* »Ja, mir san mit'm Radl da!«
INGO *fast nüchtern* Schweine! Paul Breitner hat völlig recht gehabt –
HORST *zu Heinz* Hol doch mal Uli rüber, daß der das auch mitkriegt!
INGO *jämmerlich, aber laut* Jawohl, der Paul hat recht gehabt! Sieben Jahre habe ich mir das mit angeschaut. Fünf Jahre davon sind wir Meister geworden. Aber feiern könnt ihr noch immer nicht, ihr – ihr –
Er will offenbar überhitzt auf Lothar los, diesen zu würgen, stolpert und fällt hin.
LOTHAR *und* DIETER Hahahahaha! *Trinken.*
HORST *und* HEINZ Ingoingoingolein! Hahaha! Hi ha ho – Ingo ist k.o.
Klaus hat einen Schlauch gepackt, spritzt den Trainer, der sich grad wieder hochrappeln will, mit Wasser voll. Ingo erneut am Boden.
LOTHAR Juchhu!

VORM TOILETTENSPIEGEL 3

Wie schon zweimal, am Anfang und in der Mitte des Stücks, stumme Pantomime vor dem Spiegel. Harald, der Torwart, diesmal mit Lockenwicklern, übt. Später seine Frau.

HARALD *wieder in goldgelbem Trikot. Diesmal übt er zuerst imaginäre Rufkommandos nach Schumacher-Art. Die beiden Hände zu einer Art Megaphon gerollt, brüllt er, auf den Spiegel zuschreitend, stumme Befehle in diesen. Dann klatscht er vor dem eigenen Kopf beide Hände zusammen, wie wenn er jemand schrecken möchte. Plötzlich und wie absent entblößt er die gebleckten Zähne. Simuliert einen Kinnhaken ans eigene Kinn. Dann fünf kniebeugenartige Bewegungen. Tickartiges Ruckeln an verschiedenen Gesichtspartien. Armeschlenkern, meint »Nach vorne, nach vorne!« Hektisches Bewegen der Lippenpartien, simuliert möglicherweise einen TV-dekorativen Streit mit dem Schiri. Endlich hebt er einen Ball hoch, greift ihn ausdrucksvoll ästhetisch. Starres Sinnen. Gesichtskontrolle. Kurze Boxerbewegungen. Starres Sinnen. Flinkes Herausstrecken der Zunge – es ist nicht recht klar, ob er sich meint oder den Gegner. Benommenes Sich-Anstarren.*

FRAUENSTIMME *off* Harald! Abendessen!

HARALD *reißt sich zusammen, kokett* Ja-ha!

FRAUENSTIMME *off* Und bring die neuen Videos auch schon mit rüber!

HARALD *singend-girrend* Ich kom-me!

Eckhard Henscheid, geboren am 14.9.1941 in Amberg/Oberpfalz, wollte ursprünglich Musiklehrer werden, studierte Germanistik und Zeitungswissenschaft in München, Magister Artium mit einer Arbeit über Gottfried Keller, war Journalist in Regensburg, Redakteur in Frankfurt; lebt seit 1971 als freier Schriftsteller alternierend in Amberg und Frankfurt, veröffentlichte 1973–1978 u.a. die Romantrilogie *Die Vollidioten, Geht in Ordnung – sowieso – – genau – – –* und *Die Mätresse des Bischofs.*

Bücher im Haffmans Verlag: *Roßmann, Roßmann...* (Drei Kafka-Geschichten 1982) – *Wie Max Horkheimer einmal sogar Adorno hereinlegte* (Anekdoten über Fußball, Kritische Theorie, Hegel und Schach, 1983) – *Dolce Madonna Bionda* (Roman, 1983) – *Literarischer Traum- und Wunschkalender auf das Jahr 1985* (Flugblatt, 1984, vergriffen) – *Frau Killermann greift ein* (Erzählungen und Bagatellen, 1985) – *Helmut Kohl* (Biographie einer Jugend, 1985) – *Sudelblätter* (Aufzeichnungen, 1987) – *TV-Zombies* (Fernseh-Porträts, zusammen mit F.W. Bernstein, 1987) – *Wir standen an offenen Gräbern* (Nachrufe, 1988) – *Standardsituationen* (Fußballdramen, mit F.W. Bernstein, 1988) – Außerdem regelmäßig Beiträge im Magazin für jede Art von Literatur *Der Rabe* (seit 1982).

Eckhard Henscheid
Biographisch-didaktische Werke:

TV-Zombies. Bilder und Charaktere. Zusammen mit und mit Zeichnungen von F. W. Bernstein. 18.–
Helmut Kohl – Biographie einer Jugend. Dicke Broschur, 13.–
Wie Max Horkheimer einmal sogar Adorno hereinlegte. Anekdoten über Fußball, kritische Theorie, Hegel und Schach. 18.–

ECKHARD HENSCHEID
IM HAFFMANS VERLAG

ROSSMANN, ROSSMANN ...
»Ein nächtlicher Monolog von grandioser, aber nur zu wahr klingender Bescheuertheit. Astrein. Spitze.« *Die Zeit, Hamburg*

DOLCE MADONNA BIONDA
»Eine Tarantella aus Wahnwitz und Bedeutung.«
Bayerischer Rundfunk

HELMUT KOHL
»Hinreißende Worte, Worte erster Sahne. Ein Malstrom an Worten. Fluch des Meisters, der selbst aus Anlaß eines Nichts noch Gold macht.« *konkret, Hamburg*

FRAU KILLERMANN GREIFT EIN
»Der bayerische Baudrillard der Frankfurter Schriftkunst.«
Pflasterstrand, Frankfurt

WIE MAX HORKHEIMER
EINMAL SOGAR ADORNO HEREINLEGTE
»Ein legitimer Erbe der Frankfurter Schule. Der neben Robert Gernhardt bedeutendste deutschsprachige Schriftsteller der Gegenwart.« *Merkur*

TV-ZOMBIES
»Geradezu philosophisches Staunen angesichts der alltäglichen TV-Banalitäten.« *Darmstädter Echo*

SUDELBLÄTTER
»Sehr gut bis genial.« *Luzerner Neuste Nachrichten*

HAFFMANS TASCHENBÜCHER

Haffmans TaschenBuch 1
ARNO SCHMIDT
*Fouqué
und einige seiner Zeitgenossen*

Haffmans TaschenBuch 2
ROBERT GERNHARDT
Ich Ich Ich

Haffmans TaschenBuch 3
GERHARD POLT
HANNS CHRISTIAN MÜLLER
man spricht deutsh

Haffmans TaschenBuch 4
HANS WOLLSCHLÄGER
In diesen geistfernen Zeiten

Haffmans TaschenBuch 5
ECKHARD HENSCHEID
*Franz Kafka verfilmt seinen
›Landarzt‹*

Haffmans TaschenBuch 6
JOSEPH v. WESTPHALEN
Warum ich Monarchist geworden bin

Haffmans TaschenBuch 7
DAN KAVANAGH
Duffy

Haffmans TaschenBuch 8
GERHARD MENSCHING
Löwe in Aspik

Haffmans TaschenBuch 9
GISBERT HAEFS
Und oben sitzt ein Rabe

Haffmans TaschenBuch 10
ECKHARD HENSCHEID
Standardsituationen

Haffmans TaschenBuch 11
HERMANN KINDER
Du mußt nur die Laufrichtung ändern

Haffmans TaschenBuch 12
ROBERT GERNHARDT
Die Toscana-Therapie

Haffmans TaschenBuch 13
GISBERT HAEFS
Das Doppelgrab in der Provence

Haffmans TaschenBuch 14
HANS PLESCHINSKI
Pest und Moor

Haffmans TaschenBuch 15
GERHARD MENSCHING
Der Bauch der schönen Schwarzen

Haffmans TaschenBuch 16
DIETER E. ZIMMER
So kommt der Mensch zur Sprache

Haffmans TaschenBuch 17
DANIIL CHARMS
Fälle

HaffmansTaschenBuch 18
DOROTHY PARKER
Eine starke Blondine

HaffmansTaschenBuch 19
GISBERT HAEFS
Mörder & Marder

HaffmansTaschenBuch 20
ECKHARD HENSCHEID
Die Wurstzurückgehlasserin

HaffmansTaschenBuch 21
DIETER E. ZIMMER
Redens Arten

HaffmansTaschenBuch 22
DOROTHY PARKER
Die Geschlechter

HaffmansTaschenBuch 23
NORBERT JOHANNIMLOH
Appelbaumchaussee

HAFFMANS TASCHENBÜCHER

könnten Sie auch lesen